すてきな
パイナップルレース編み

Pineapple Lace

河島京子

Contents
もくじ

表紙の作品は24ページにあります

●本書は1995年にB5版で刊行した「素敵なパイナップルレース」を、
A4版にして改装改題したものです。

レース糸の白い清楚な輝きを重ねていくと、
グラデーションのなかに美しい模様があらわれてきます。
静かな時間を編み込んで……。
そんなレースが私は好きです。

河島京子

暮らしを優雅に彩りましょう

1. 美しいレースを飾る

細い糸とかぎ針と指先で繊細に編み上げていくレース編みは、
いつの時代も、優雅な時をはぐくみます。
なかでも愛されているのがパイナップル編み。
レースを家具にふわりとのせれば、部屋がやさしい空間に変わります。

1 テーブルセンター

●寸法／直径75㎝
●編み方／46ページ

2 テーブルクロス

●寸法／直径145cm
●編み方／48ページ

3 テーブルセンター

●寸法／直径41㎝
●編み方／52ページ

4 テーブルセンター

●寸法／直径53cm
●編み方／54ページ

5 テーブルセンター

●寸法／直径53cm
●編み方／56ページ

6 テーブルセンター

●寸法／直径44㎝

●編み方／58ページ

7ドイリー

●寸法／直径38㎝
●編み方／98ページ

8 テーブルセンター

●寸法／直径40cm
●編み方／60ページ

9 テーブルセンター

●寸法／直径41cm
●編み方／61ページ

10 テーブルセンター

- 寸法／40cm×55cm
- 編み方／61ページ

9のテーブルセンターと同じ模様。
でも、どこか違う。
その違いがレースの形を変えてしまいます。

11 テーブルセンター

●寸法／21cm×60cm
●編み方／114ページ

12 テーブルセンター

●寸法／14cm×48cm
●編み方／66ページ

2. 直径25～35cmの使いやすい大きさです

やさしいドイリー

レース編みができるようになったら、いちどは編んでみたいパイナップル編み。
パイナップルのパターンを全体に入れたり、中心に集めたり、縁まわりに並べたり。
楽しく編めて、飾りやすいドイリーで、すてきな模様を楽しんで。

13 ドイリー

●寸法／直径27cm
●編み方／67ページ

14 ドイリー

●寸法／直径35cm

●編み方／68ページ

15 ドイリー

●寸法／直径35㎝
●編み方／69ページ

16 ドイリー

●寸法／直径30cm
●編み方／70ページ

17 ドイリー

●寸法／直径31cm
●編み方／71ページ

18 ドイリー

●寸法／直径33㎝
●編み方／72ページ

19 ドイリー

●寸法／25㎝×25㎝
●編み方／73ページ

20 ドイリー

●寸法／25㎝×26㎝
●編み方／74ページ

レースの縁編みに麻布をプラスしたバリエーション

3. シックなエジングレース

基本の作品は優美なテーブルクロスやドイリー。
その縁部分を装飾的に使って、白い麻布と組み合わせました。
縁の分量や形を変えると、また別の表情の作品になります。
編み上がったレースを布につける、やさしい仕立てです。

基本の作品

21 テーブルセンター

●寸法／直径54cm
●編み方／76ページ

✻ 21のテーブルセンターの中心を白い麻布に。布の分量が変わると使い方も変わります。

22 テーブルセンター

●寸法／直径54cm　エジング幅17.5cm
●編み方／76ページ

23 テーブルセンター

●寸法／直径54cm　エジング幅13.5cm
●編み方／78ページ

基本の
作品

24 テーブルセンター

●寸法／直径53cm

●編み方／80ページ

25 テーブルセンター

●寸法／直径53㎝　エジング幅11㎝
●編み方／80ページ

24のテーブルセンターのやさしい縁編みをそっと九角形の布に添えて。

基本の
作品

26 テーブルセンター

●寸法／直径44cm
●編み方／82ページ

26の方眼編みのテーブルセンターから
3つのエジングレースが生まれました。

27 テーブルセンター

●寸法／直径44㎝　エジング幅14.5㎝

●編み方／83ページ

白い布のまわりが輝くように見えるところを選んで編みました。

29 ドイリー

●寸法／25㎝×36.5㎝　エジング幅8.5㎝
●編み方／86ページ

✻ 18gほどの糸で編めるかわいいエジングレース。
プレゼントにしても、変わった形が喜ばれます。

28 テーブルセンター

●寸法／直径44㎝　エジング幅8.5㎝
●編み方／84ページ

✻ ゆったりと大きく布をつけてみました。
どこに飾りましょうか。

基本の作品

30 ドイリー

●寸法／20.5cm×20.5cm
●編み方／88ページ

＊30のドイリーをじっと見つめていたら、上下左右に広げてみたくなりました。

31 ドイリー

●寸法／20.5cm×39.5cm
●編み方／94ページ

32 ドイリー

●寸法／25㎝×25㎝　エジング幅７㎝
●編み方／89ページ

✲ 規則正しく並んだ模様のまん中に、
白の麻布をあしらいました。

33 テーブルセンター

●寸法／50㎝×50㎝　エジング幅10.5㎝
●編み方／96ページ

基本の作品

34 ドイリー

●寸法／直径34.5cm　エジング幅10.5cm
●編み方／91ページ

34のドイリーの丸く並んだパイナップルに、
2個加えたら、こんな形になりました。

35 テーブルセンター

●寸法／34.5㎝×42.5㎝　エジング幅10.5㎝
●編み方／92ページ

簡単でかわいい作品。初めての方にちょうどいい

4. 10gで編めるプチドイリー

40番レース糸の小さな１巻きで編めるかわいいドイリー。
レース編みは初めてという方や、残り糸の利用にもおすすめ。
パイナップル編みに自信が持てたら、大きな作品にも挑戦してみましょう。
編む時の要領は同じですから。

36 ドイリー

●寸法／直径22㎝
●編み方／53ページ

37 ドイリー

●寸法／直径18.5㎝
●編み方／112ページ

38 ドイリー

●寸法／直径21.5㎝
●編み方／90ページ

39 ドイリー

●寸法／13㎝×14㎝
●編み方／74ページ

40 ドイリー

●寸法／17㎝×17㎝
●編み方／79ページ

41 ドイリー

●寸法／直径16.5cm
●編み方／98ページ

42 ドイリー

●寸法／直径20cm
●編み方／109ページ

5. 小品でも大作でも思いのままに
モチーフレースを楽しむ

モチーフレースは、つなぎ方で大きさや形を変えることができるので、
プチドイリーからテーブルクロスまで自在に作れます。
ちょっとした時間にモチーフを少しずつ編みためて、
大きな作品に仕上げるのも楽しいものです。

44と同じ花のモチーフ。中心に花をつないで、
縁をネット編みで仕上げています。

43 テーブルクロス

●寸法／直径129.5㎝
●編み方／102ページ

44 テーブルクロス

●寸法／直径126㎝
●編み方／106ページ

43と同じ花のモチーフ。
ひとつひとつをネット編みで囲むと、
すっきりした雰囲気に。

45 ドイリー

●寸法／30㎝×30㎝
●編み方／115ページ

✻45は四角いモチーフをシンプルに
4枚つなぎました。
✻46はモチーフ1枚のまわりに、
華やかな縁編みをつけました。

46 ドイリー

●寸法／26.5㎝×26.5㎝
●編み方／110ページ

47 ドイリー

●寸法／16㎝×16㎝
●編み方／85ページ

＊47は小さくてかわいい、
１枚のパイナップルモチーフです。
＊48はモチーフを４枚つないでから
縁編みをします。

48 ドイリー

●寸法／28㎝×28㎝
●編み方／112ページ

49 ドイリー

●寸法／直径15.5cm
●編み方／100ページ

✻49はすぐできる作品を編みたい気分のときに。
✻50はモチーフを3枚つなぎました。

50 ドイリー

●寸法／28.5cm×29cm
●編み方／100ページ

作品の編み方

この本の編み図、イラストはすべて、
製図ペンを使って、自分でひと目ひと目描きました。
レースの制作に費やした時間と同じように、
多くの時間がかかってしまいました。
編み図を誤りなく仕上げることまでが、
私の作品だと考えています。

河島京子

※わからなくなった時、時間のある時、「レース編みの基礎」(117 ～ 127ページ)をご覧ください。
基本が身につくと楽しく編めますよ。

5ページの作品

1 テーブルセンター

材料　オリムパスレース糸金票40番の白を130g
用具　クロバー8号レース針
でき上がり寸法　直径75cm
編み方　糸の輪を作り、1段めは鎖3目で立ち上がり、長編みを23目編んで、立ち上がりの鎖3目めに引き抜きます。2段から34段は下図を、35段から59段は右ページを参照して編みます。

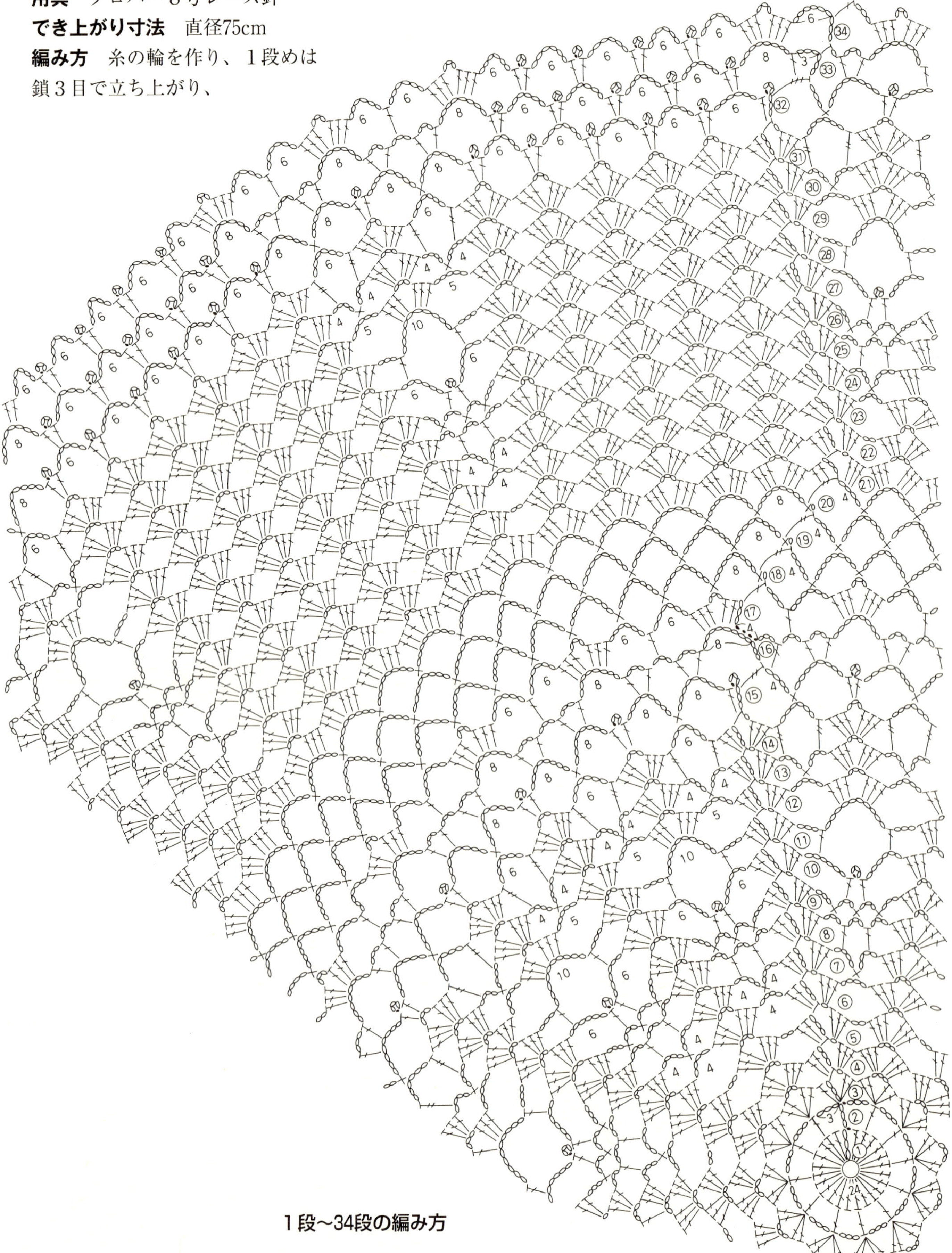

1段～34段の編み方

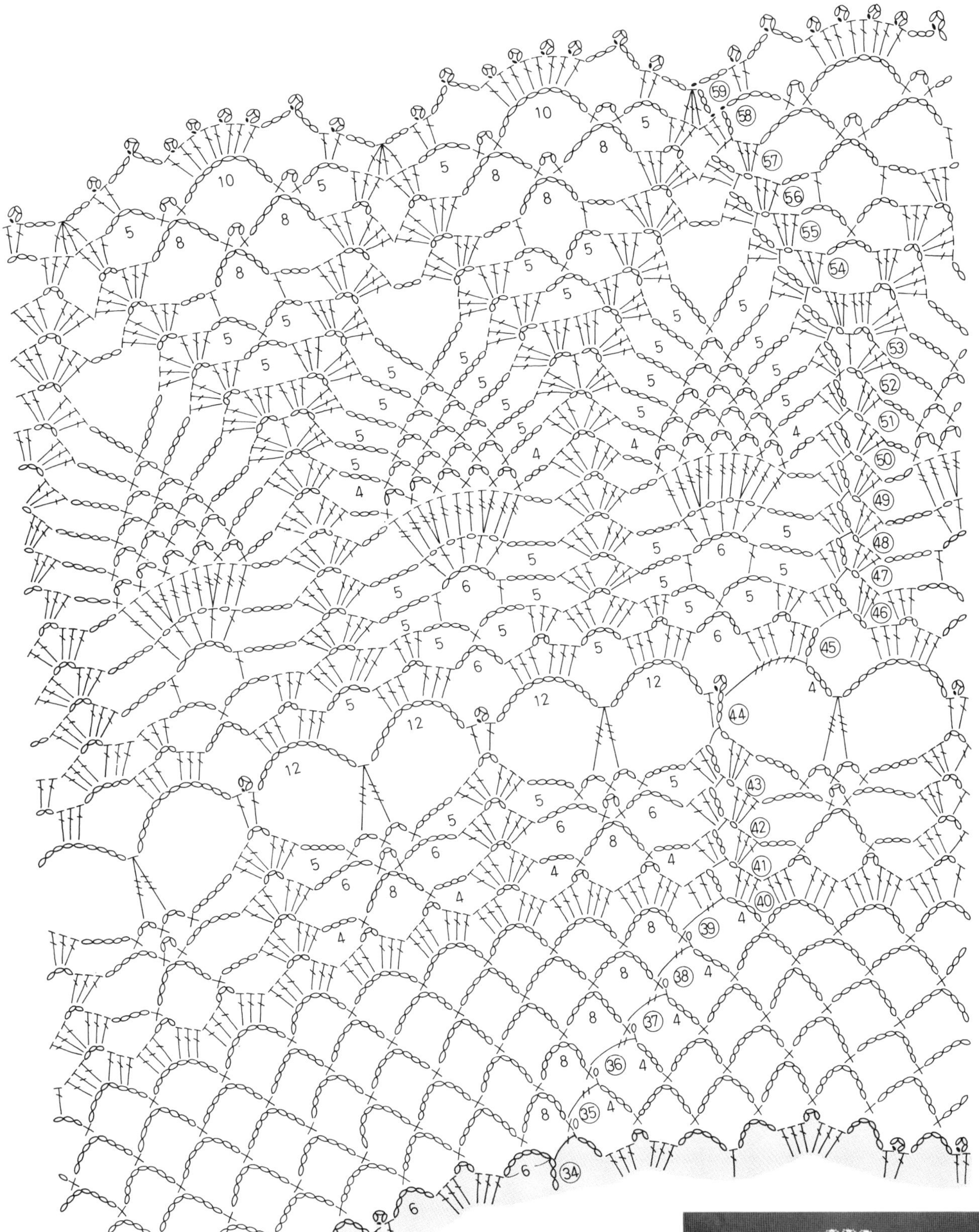

※うす墨部分の㉞は
46ページの㉞と同じ。

35段～59段の編み方

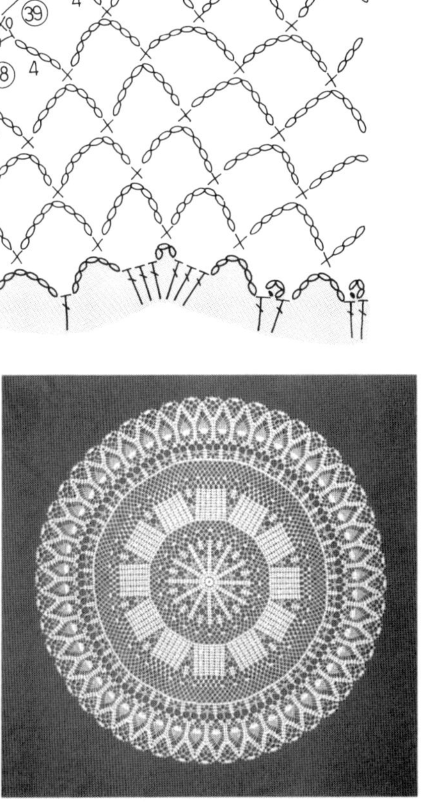

6ページの作品

2 テーブルクロス

材料　オリムパスレース糸金票40番の白を360g

用具　クロバー８号レース針

でき上がり寸法　直径145cm

編み方　糸の輪を作り、１段めは鎖３目で立ち上がり、長編みを23目編んで、引き抜きます。

２段から39段までは下図を参照。40段から57段は右ページ、58段から88段は50ページ。89段から109段は51ページを参照して編みます。

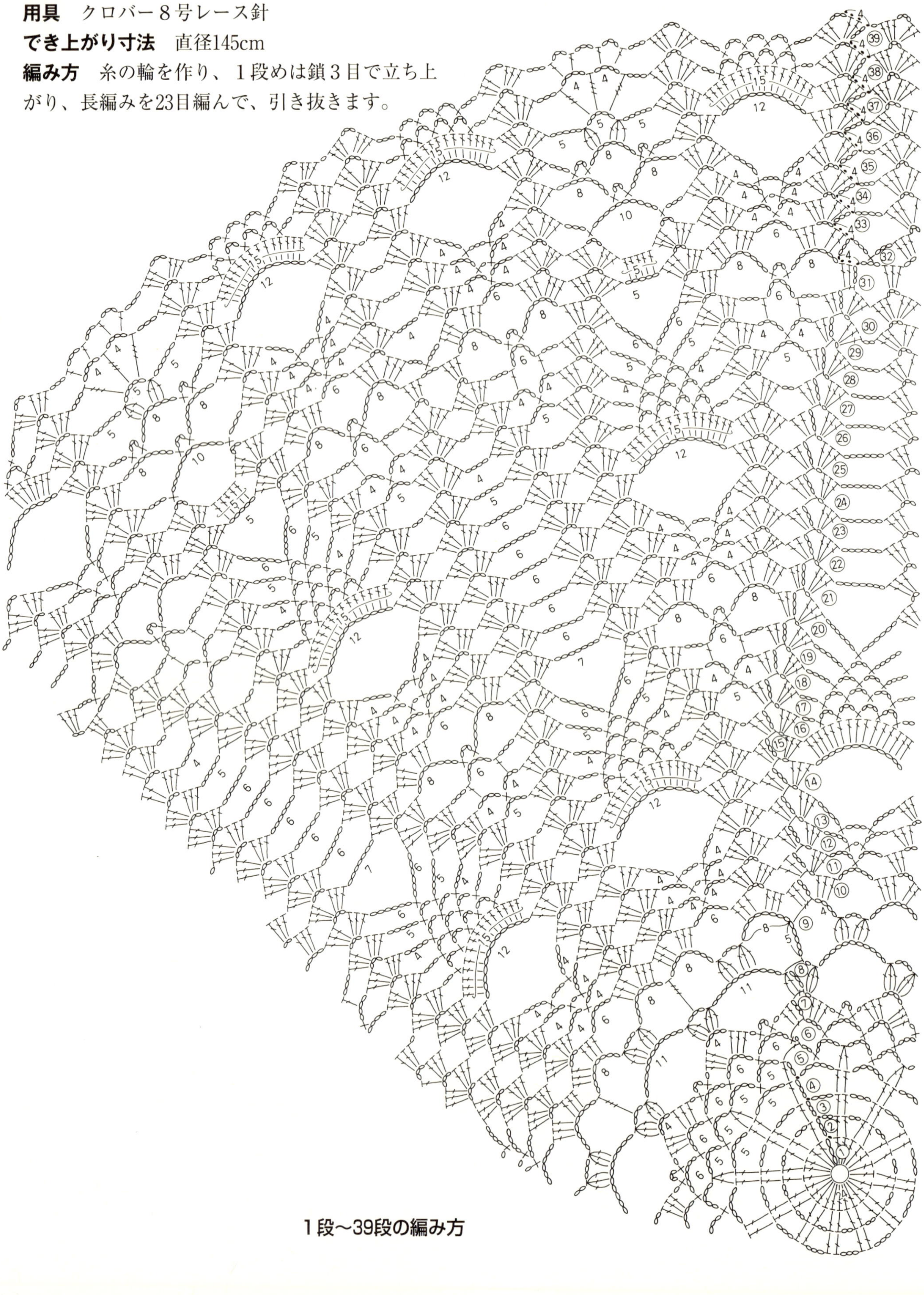

1段～39段の編み方

●50・51ページへつづく。

※うす墨部分の㊴は
左ページの㊴と同じ。

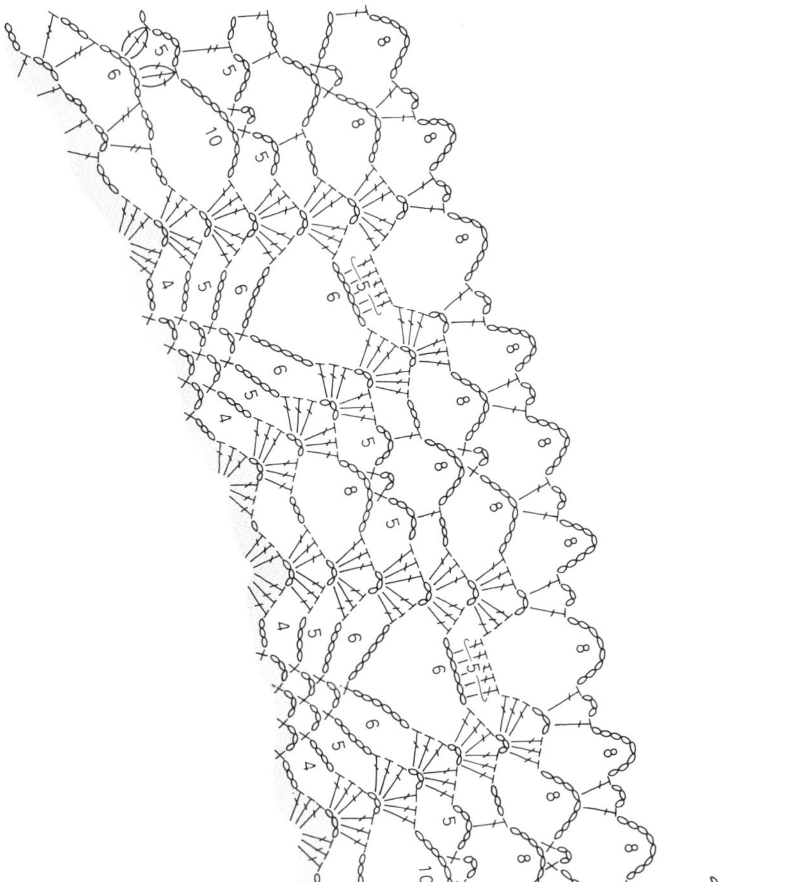
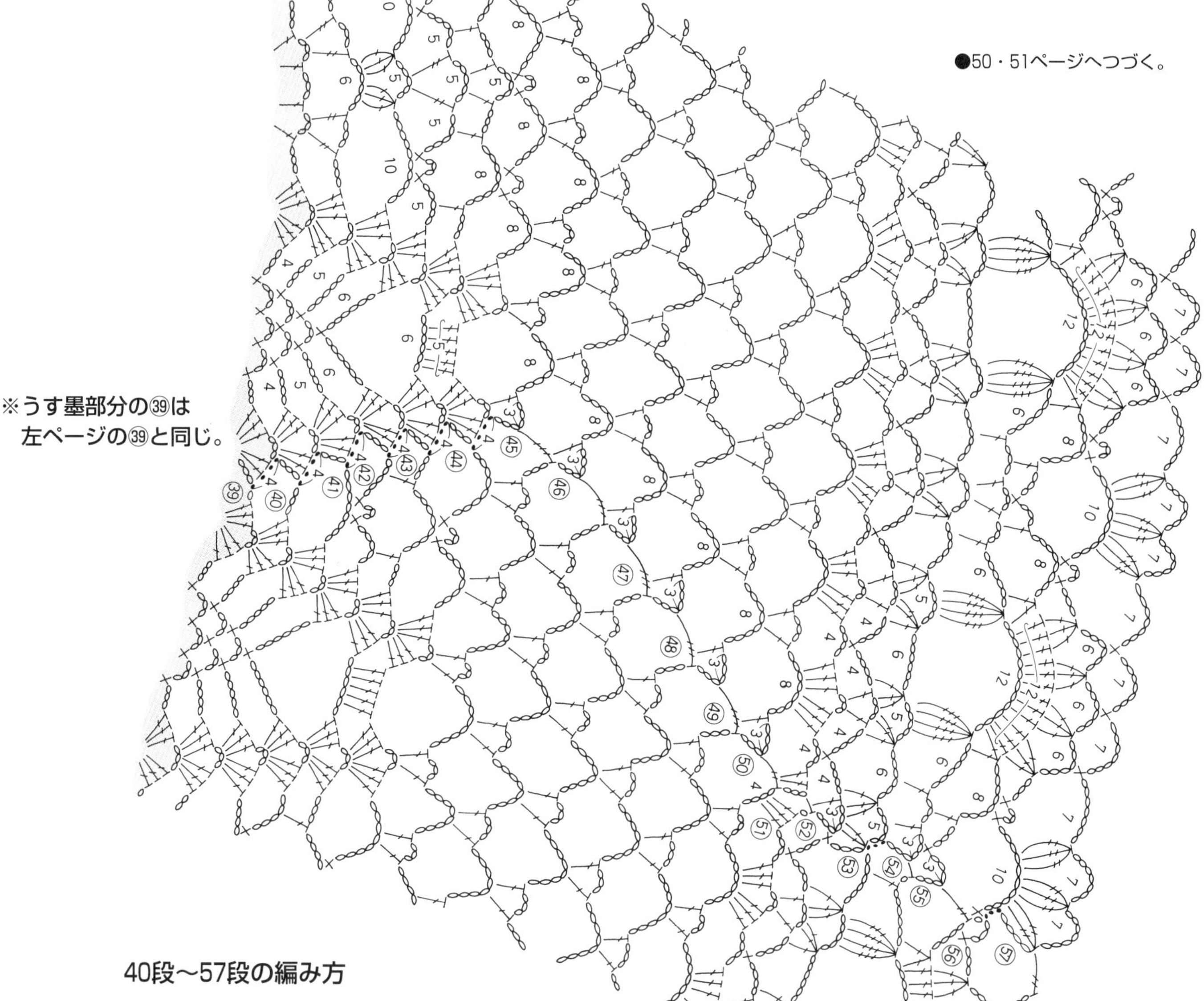

40段～57段の編み方

●49ページからつづく。

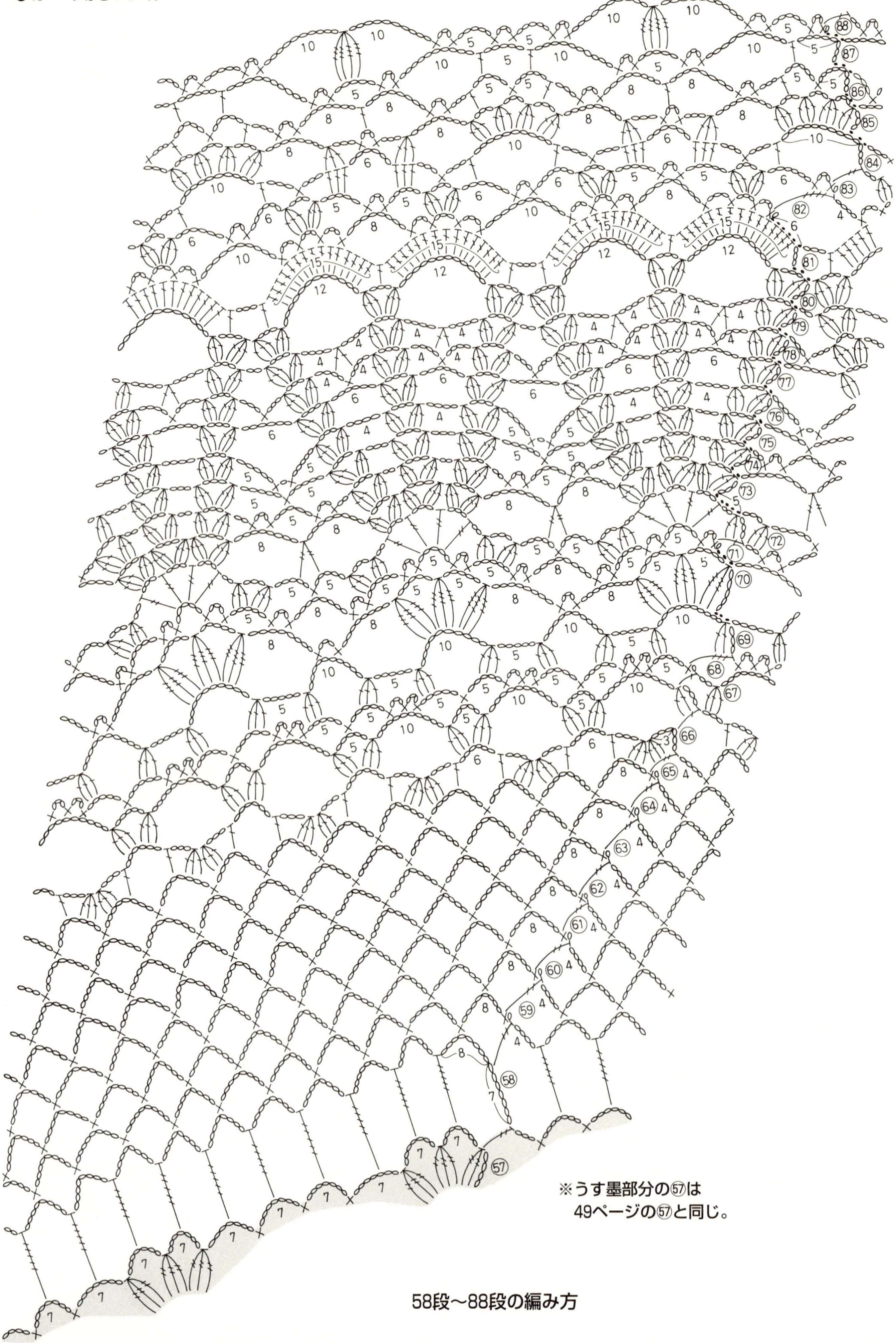

※うす墨部分の57は
49ページの57と同じ。

58段〜88段の編み方

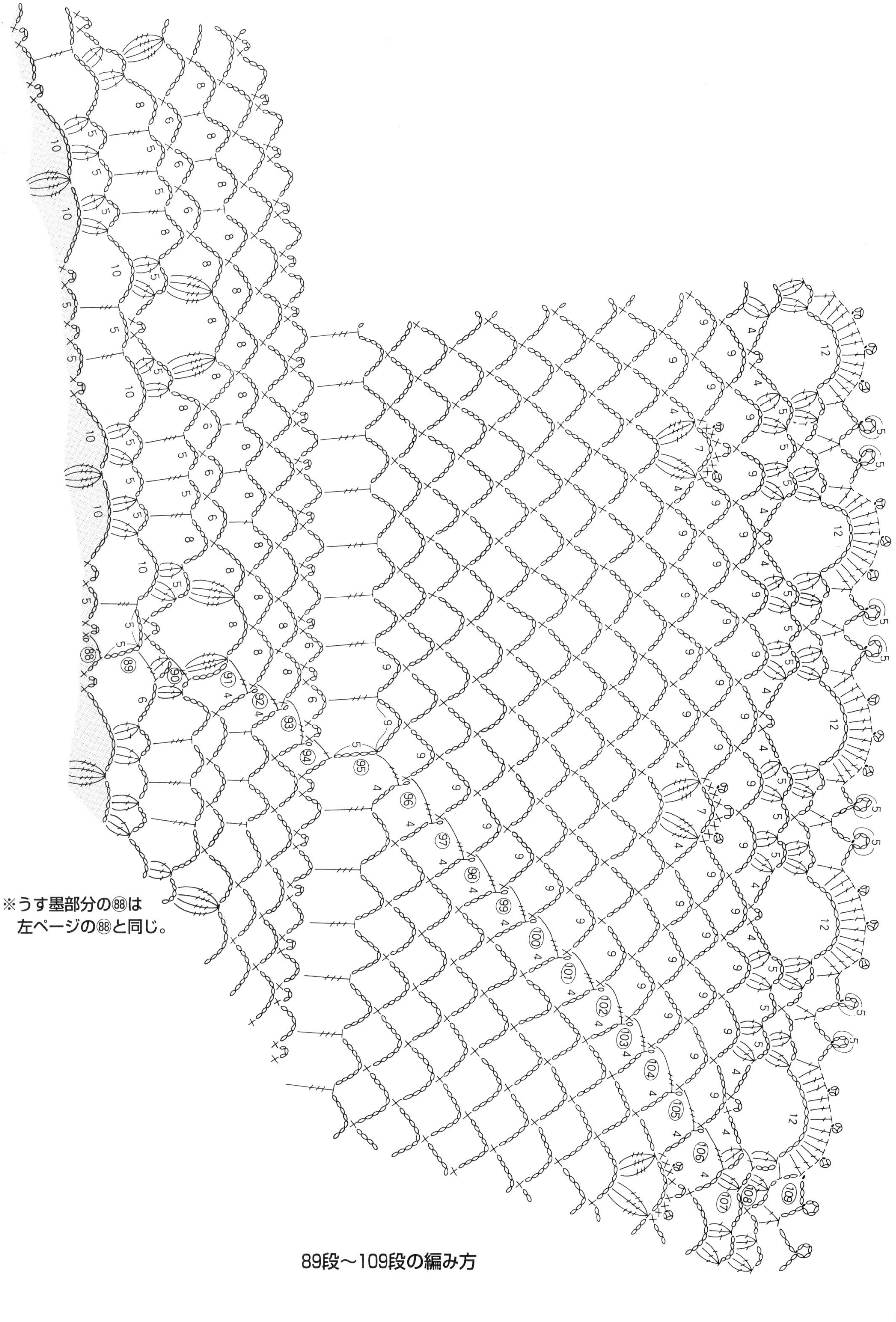

※うす墨部分の88は
左ページの88と同じ。

89段～109段の編み方

8ページの作品

3 テーブルセンター

材料　オリムパスレース糸金票40番の白を30g

用具　クロバー８号レース針

でき上がり寸法　直径41cm

編み方　糸の輪を作り、１段めは鎖３目で立ち上がり、長編み２目、鎖１目、「長編み３目、鎖１目」の「　」内を５回繰り返して編み、引き抜きます。
２段から37段は下図を参照して編みます。

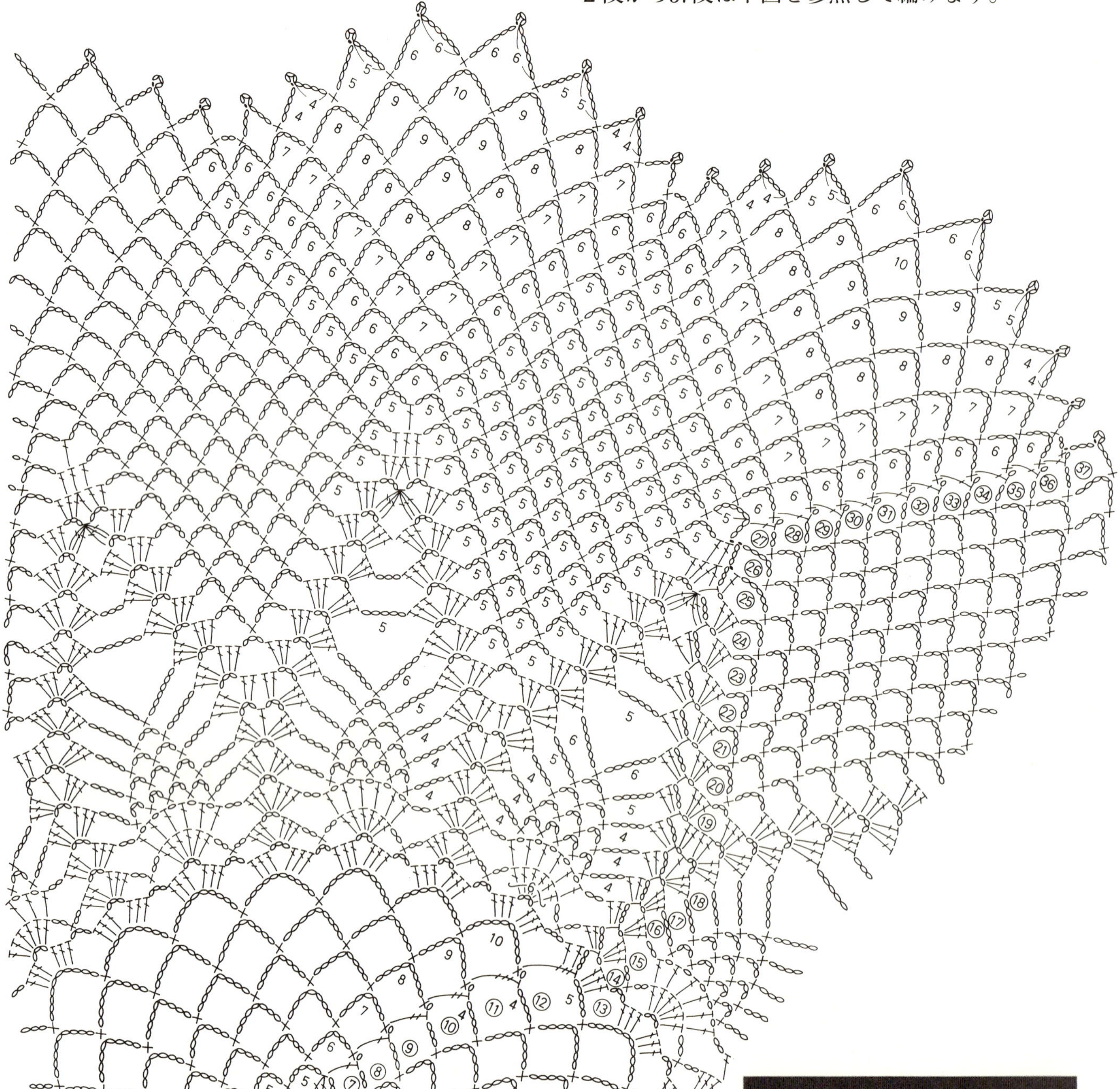
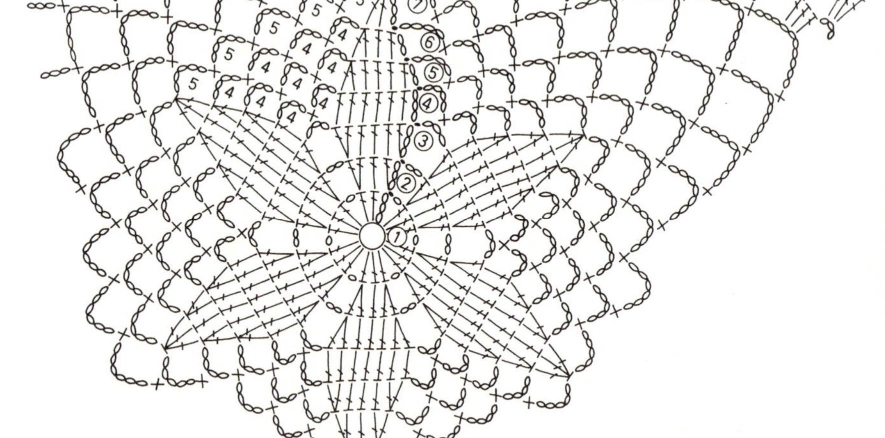

36ページの作品

36 ドイリー

材料　オリムパスレース糸金票40番の白を10g
用具　クロバー８号レース針
でき上がり寸法　直径22cm
編み方　糸の輪を作り、１段めは鎖３目で立ち上がり、長編みを23目編んで、立ち上がりの鎖３目めに引き抜きます。２段から16段は下図を参照して編みます。

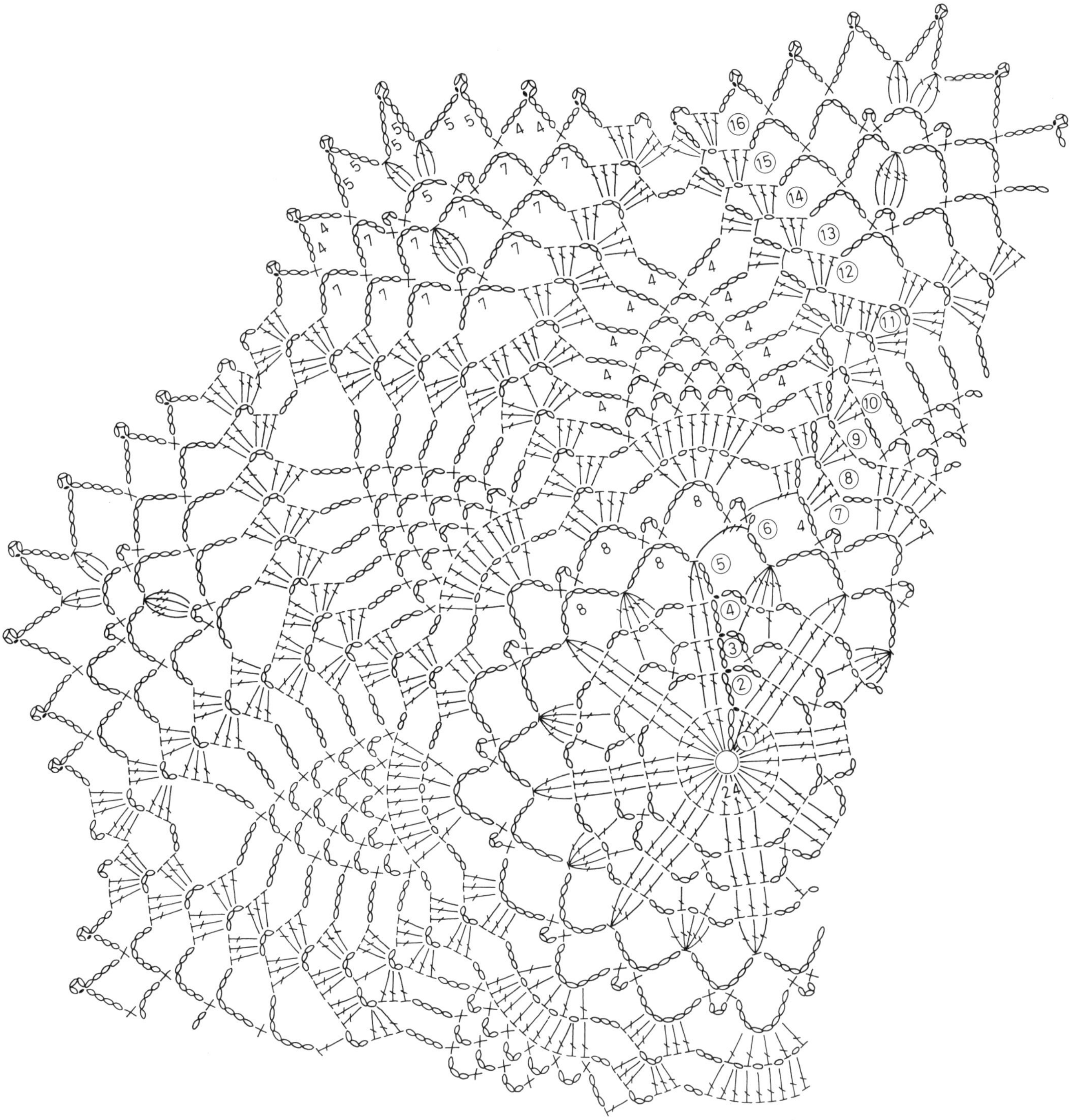

9ページの作品

4 テーブルセンター

材料　オリムパスレース糸金票40番の白を52g

用具　クロバー８号レース針

でき上がり寸法　直径53cm

編み方　１段から26段は下図を、27段から45段は右ページを参照して編みます。

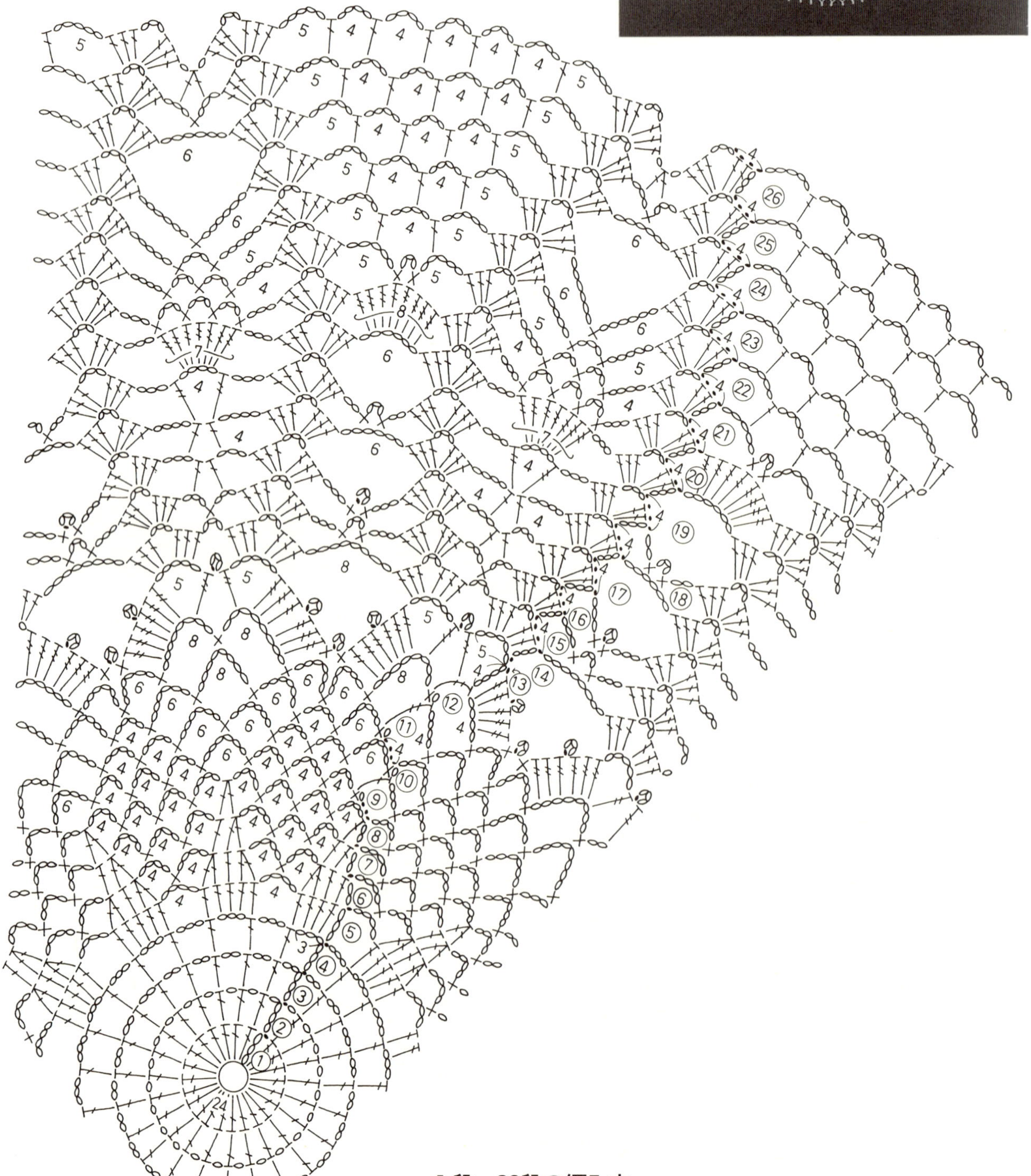

１段～26段の編み方

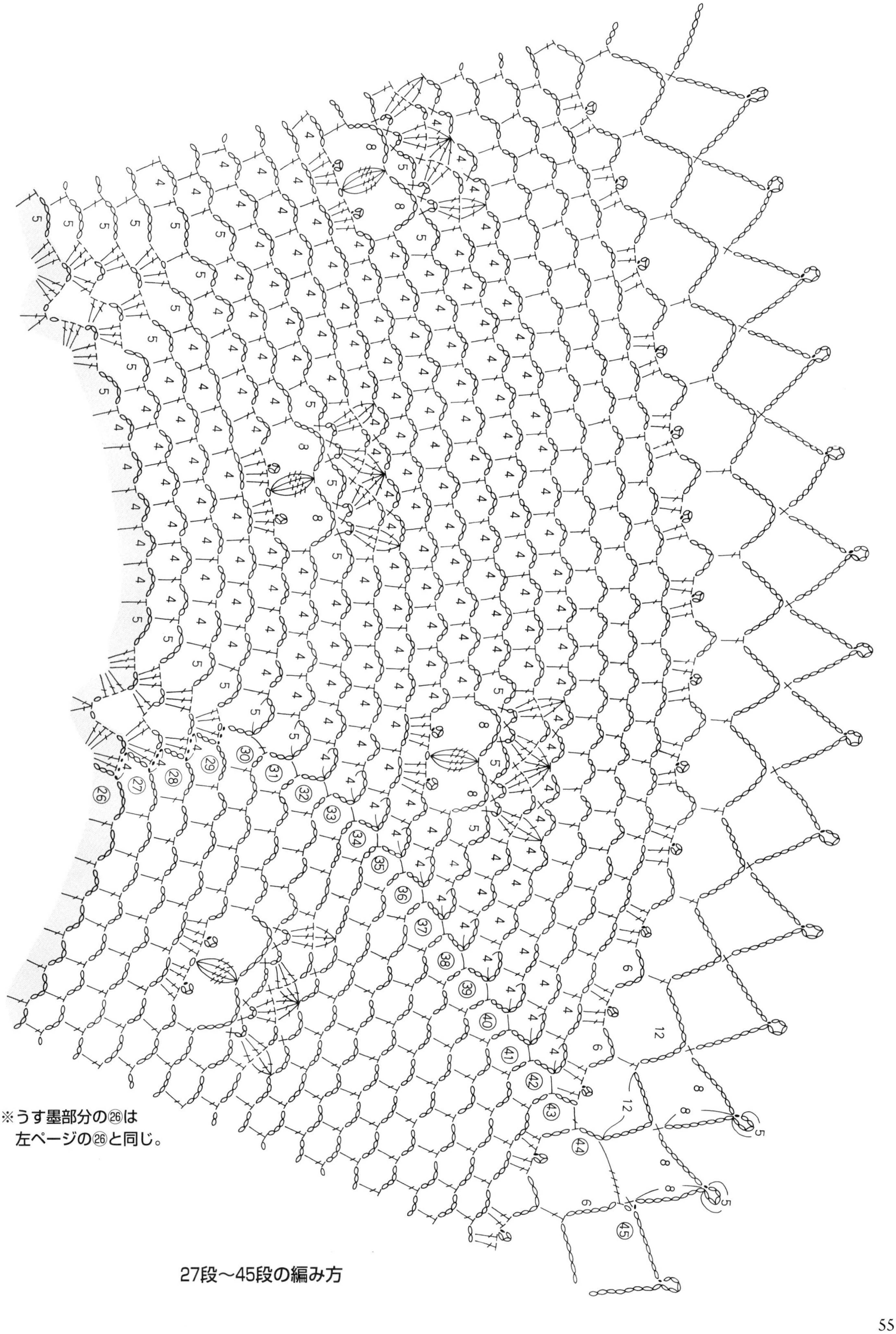

※うす墨部分の㉖は
左ページの㉖と同じ。

27段〜45段の編み方

10ページの作品

5 テーブルセンター

材料　オリムパスレース糸金票40番の白を54g

用具　クロバー８号レース針

でき上がり寸法　直径53cm

編み方　糸の輪を作り、１段めは鎖３目で立ち上がり、長編みを23目編んで、立ち上がりの鎖３目めに引き抜きます。２段から15段は下図を、16段から44段は右ページを参照して編みます。

１段～15段の編み方

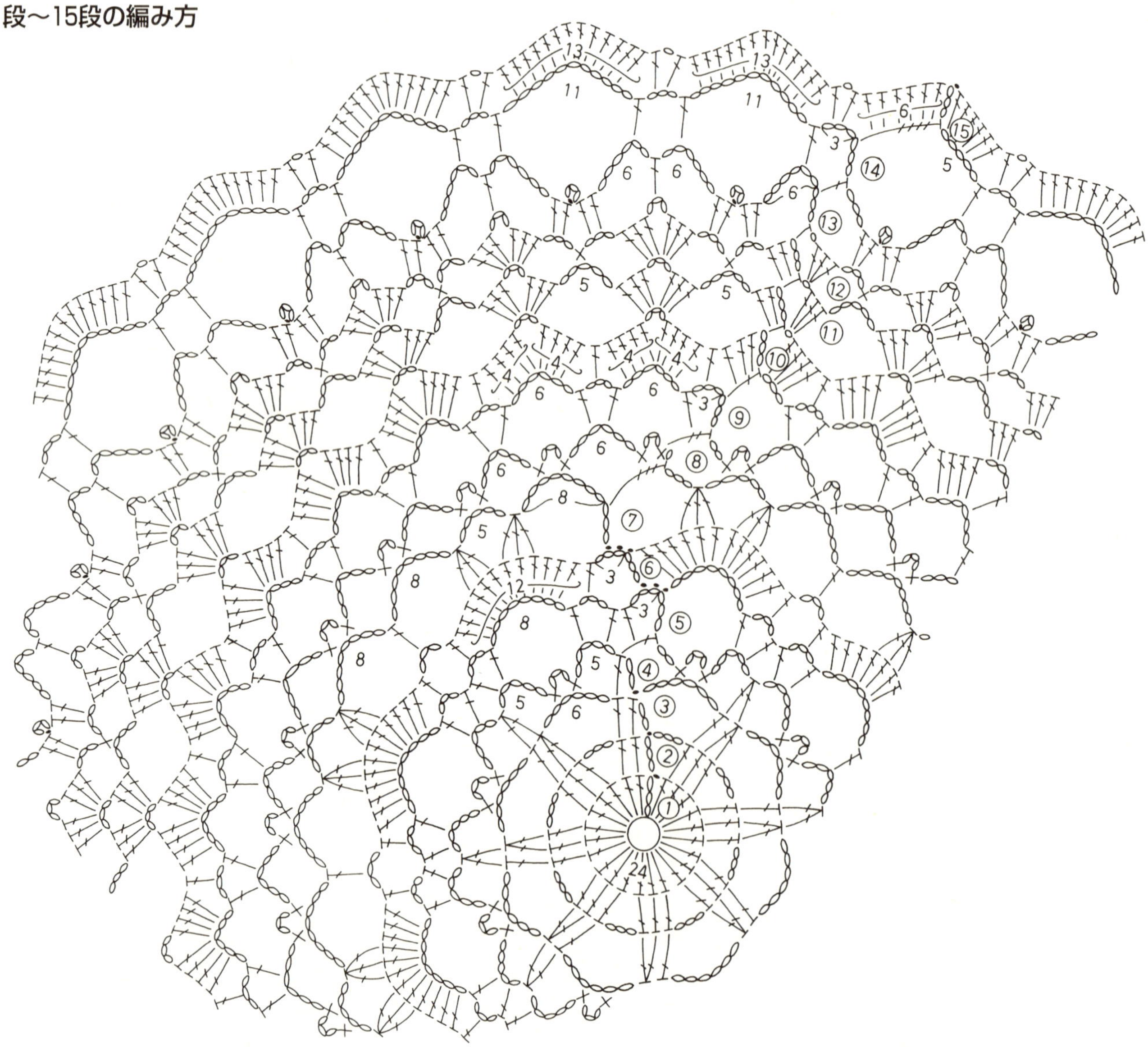

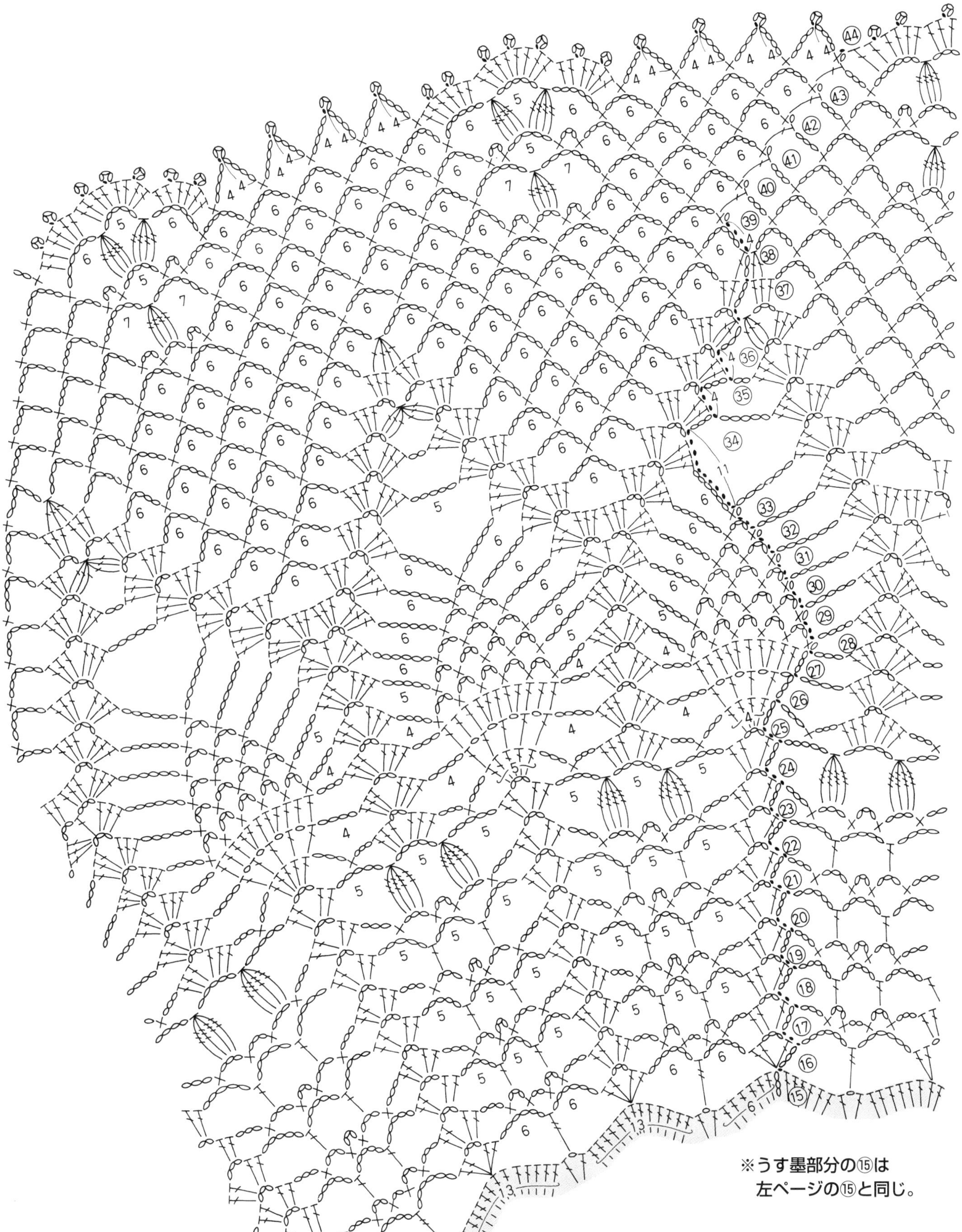

※うす墨部分の⑮は
左ページの⑮と同じ。

16段～44段の編み方

11ページの作品

6 テーブルセンター

材料　オリムパスレース糸金票40番の白を35g

用具　クロバー８号レース針

でき上がり寸法　直径44cm

編み方　糸の輪を作り、１段めは鎖３目で立ち上がり、長編みを19目編んで、立ち上がりの鎖３目めに引き抜きます。２段から19段は下図を、20段から37段は右ページを参照して編みます。

１段～19段の編み方

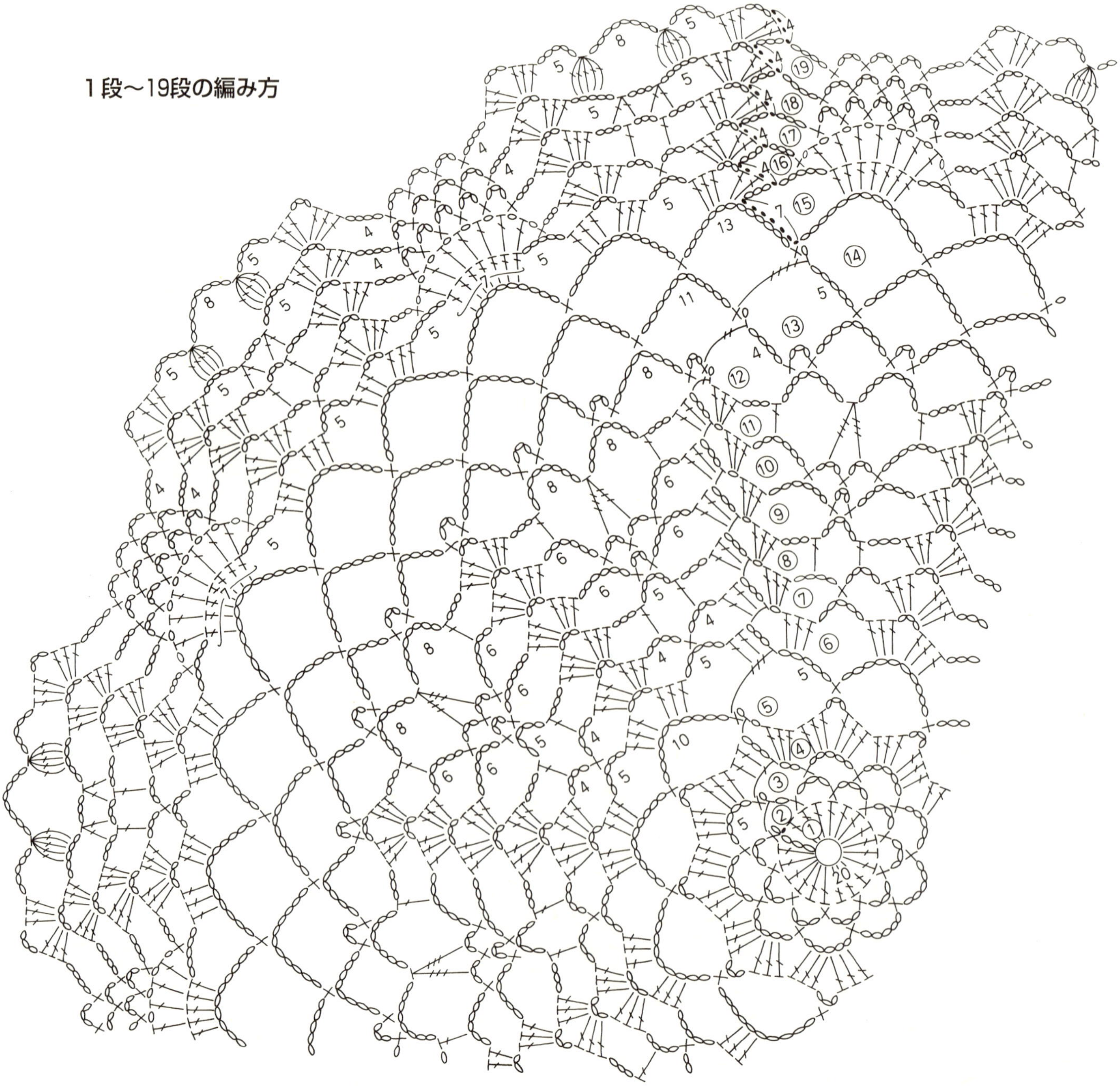

20段～37段の編み方

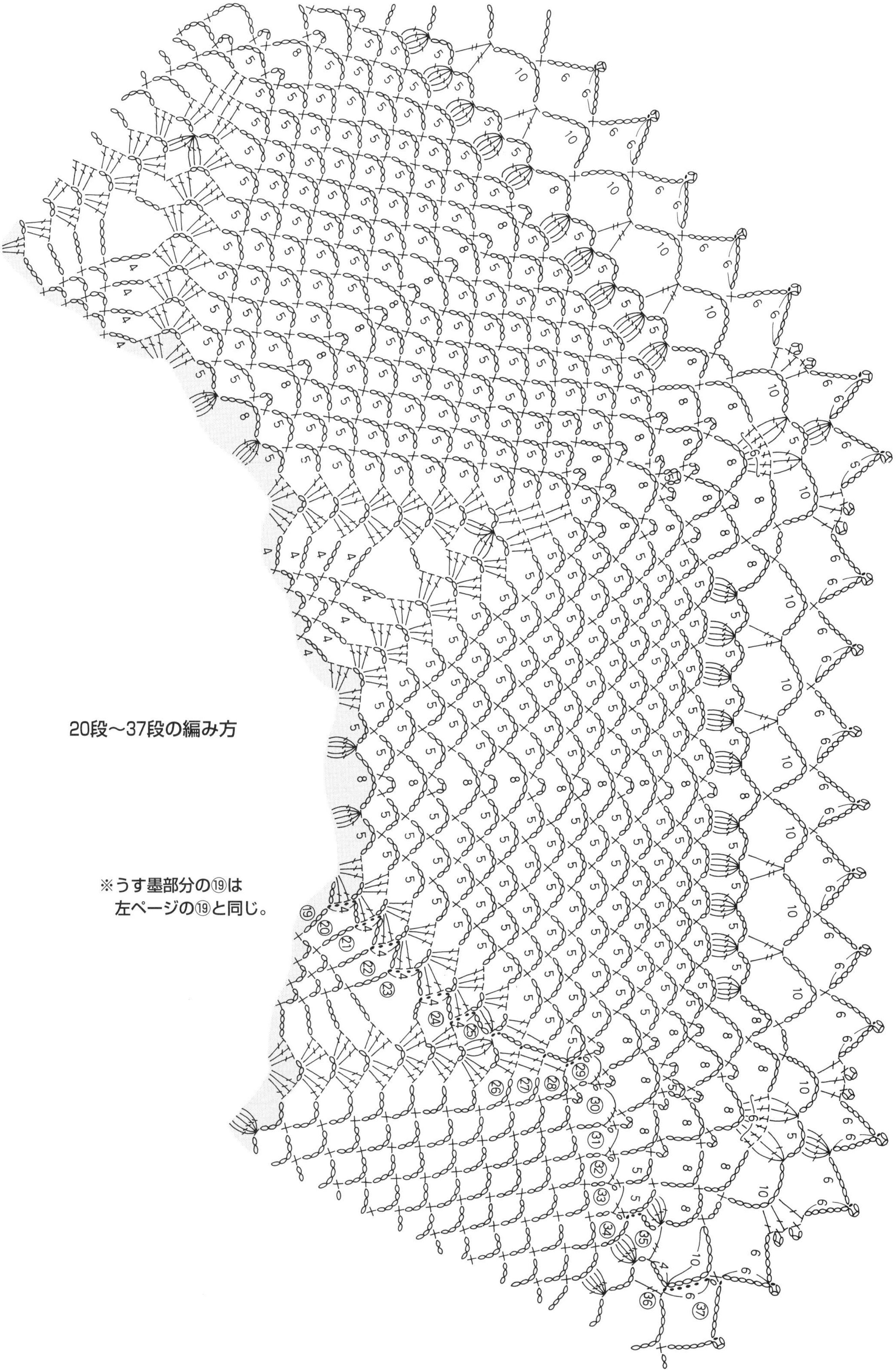

※うす墨部分の⑲は
左ページの⑲と同じ。

13ページの作品

8 テーブルセンター

材料　オリムパスレース糸金票40番の白を28g

用具　クロバー８号レース針

でき上がり寸法　直径40cm

編み方　糸の輪を作り、１段めは鎖３目で立ち上がり、長編みを23目編んで、立ち上がりの鎖３目めに引き抜きます。２段から25段は下図を参照して編みます。

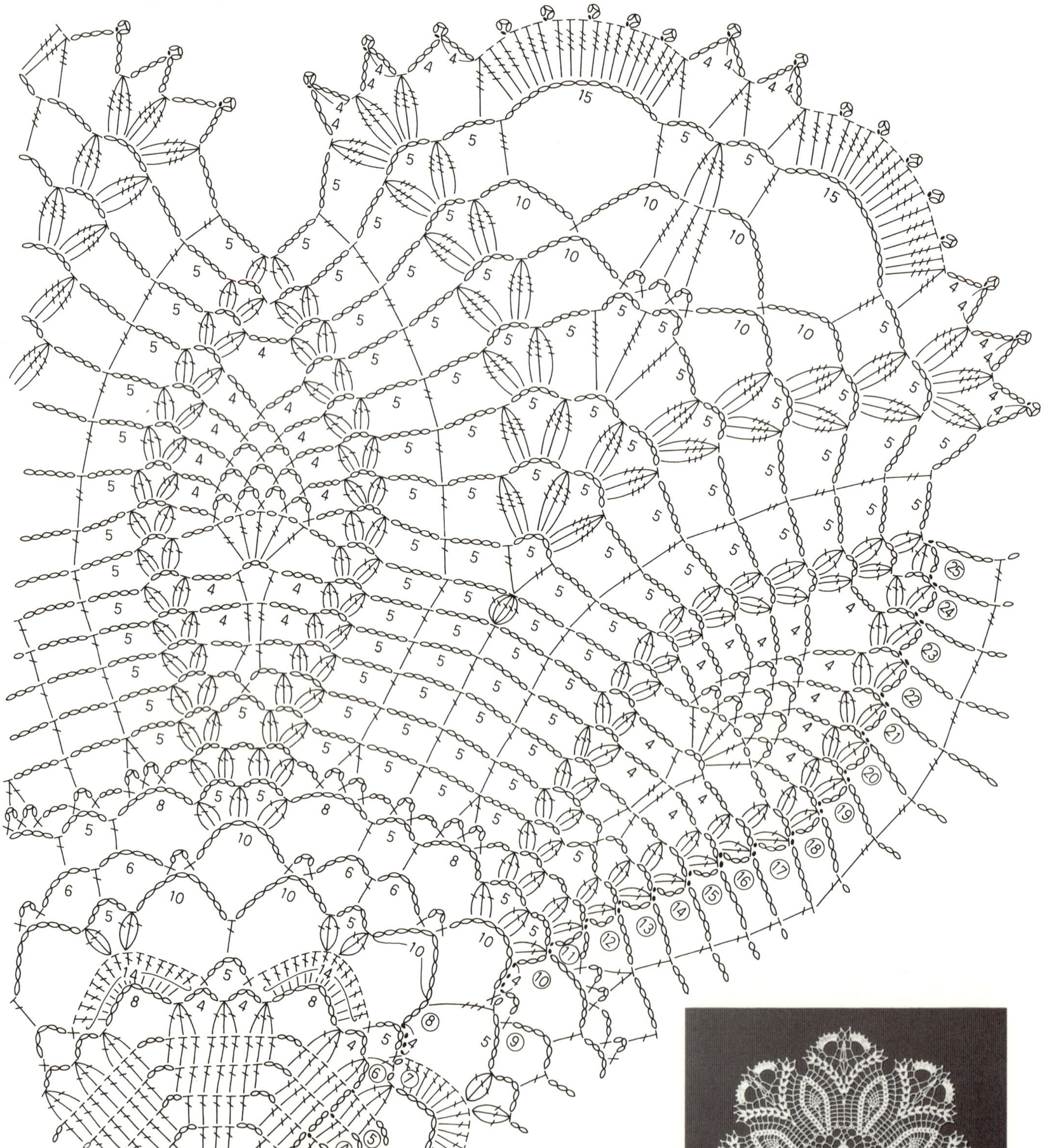

9・10 テーブルセンター

材料　オリムパスレース糸金票40番の白を**9**は39g、**10**は54g

用具　クロバー８号レース針

でき上がり寸法　**9**は直径41cm、**10**は40cm×55cm

9の編み方　下図参照。

10の編み方　62～65ページ参照。

9のテーブルセンター

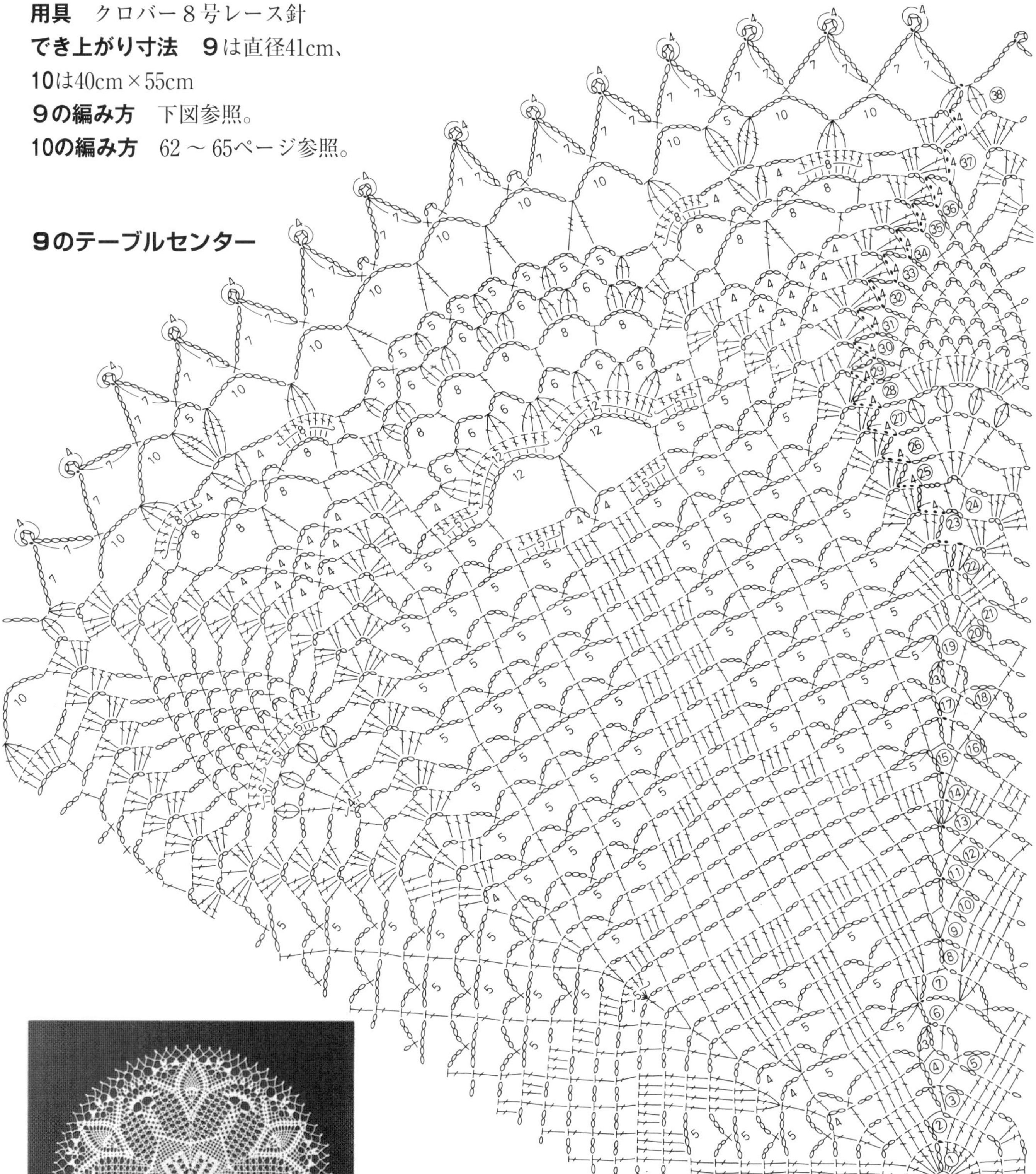

※「方眼編みの記号と編み方」は
124ページを参照。

●61ページからつづく。

10のテーブルセンター

※編み方の説明は64ページを参照。

作り目と1・2段めの編み方

①

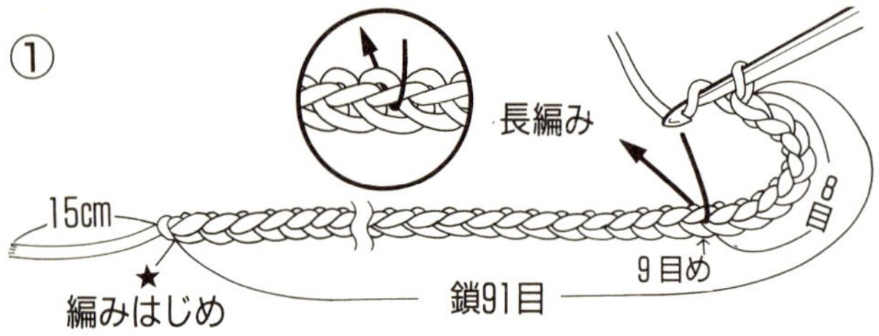

②

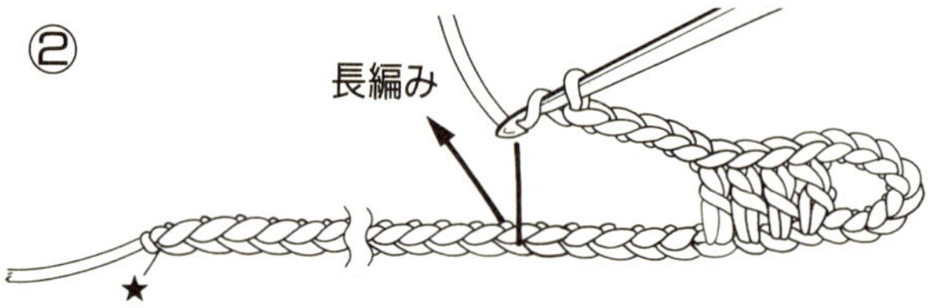

③

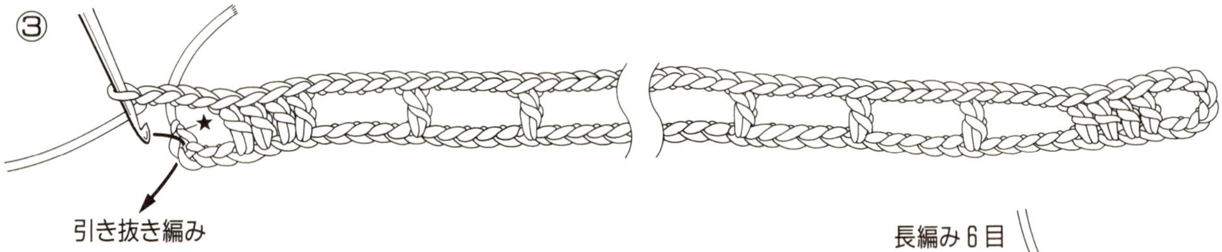

④

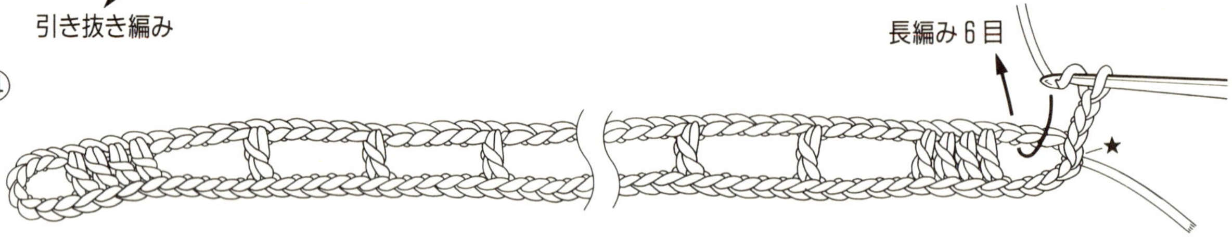

⑤

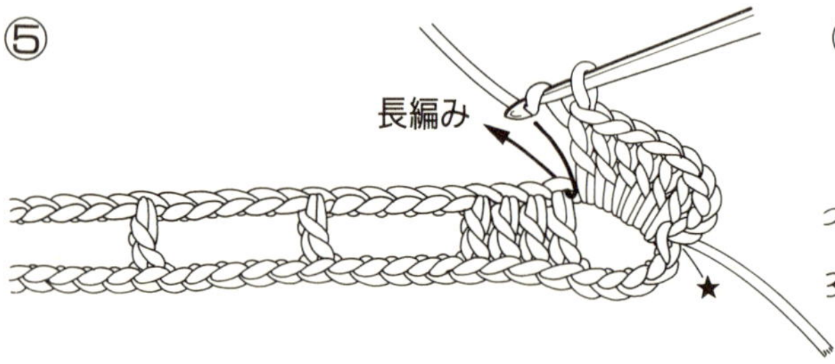

⑥

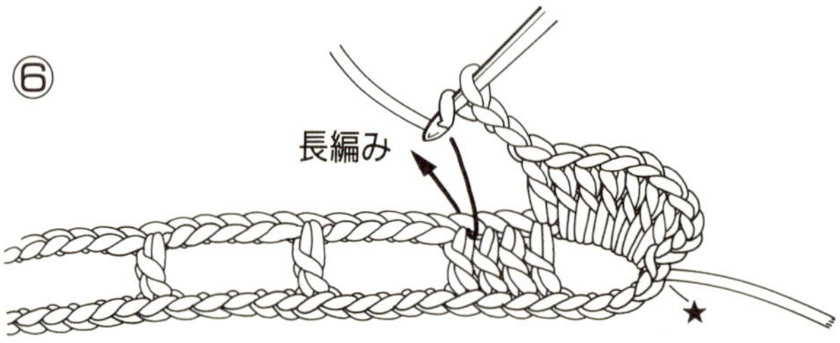

⑦

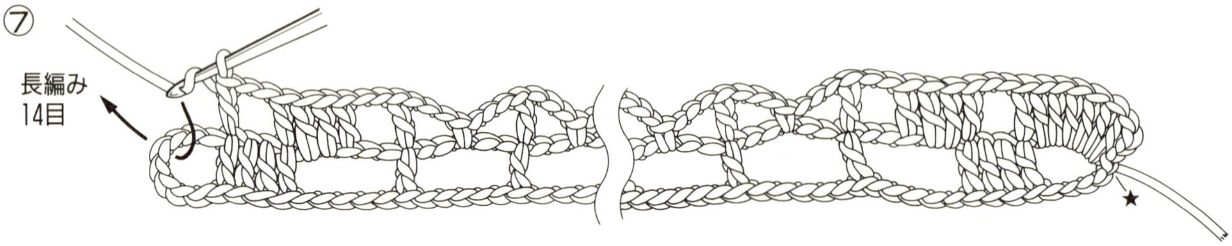

⑧

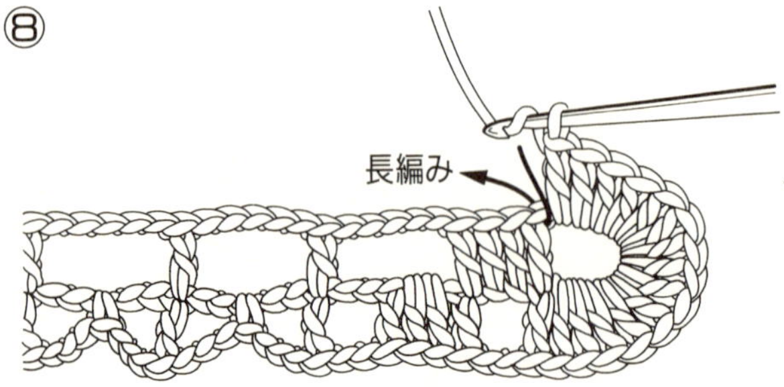

⑨

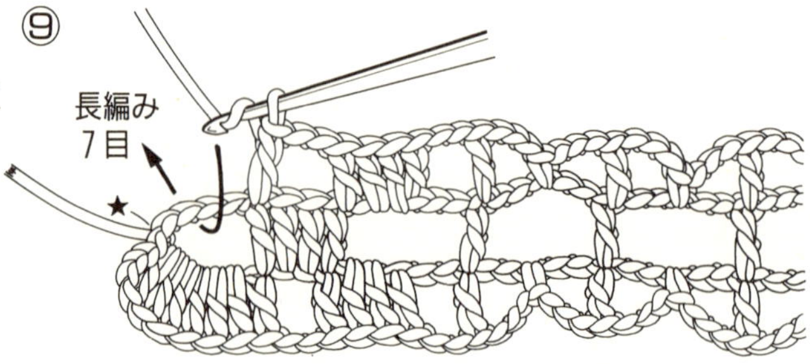

⑩

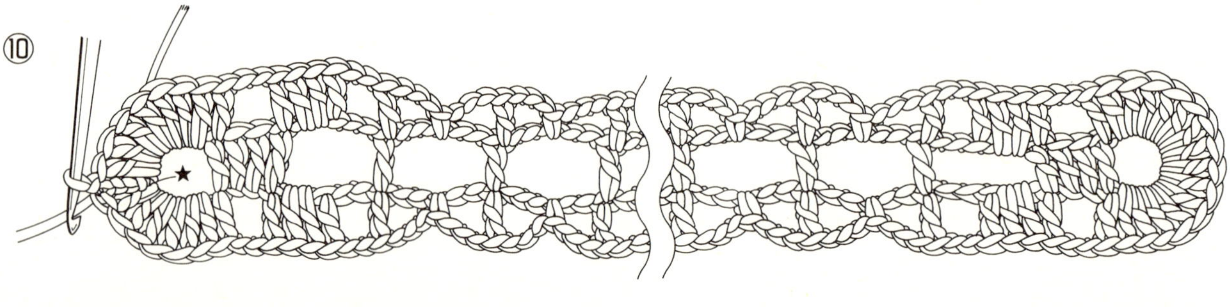

●64・65ページへつづく。

1段～22段の編み方

※作り目と1・2段めの編み方は左ページにあります

※「方眼編みの記号と編み方」は124ページを参照。

◎●＝合印（64・65ページの編み図参照）
模様は合印のところで左右対称になる。

★＝編みはじめ

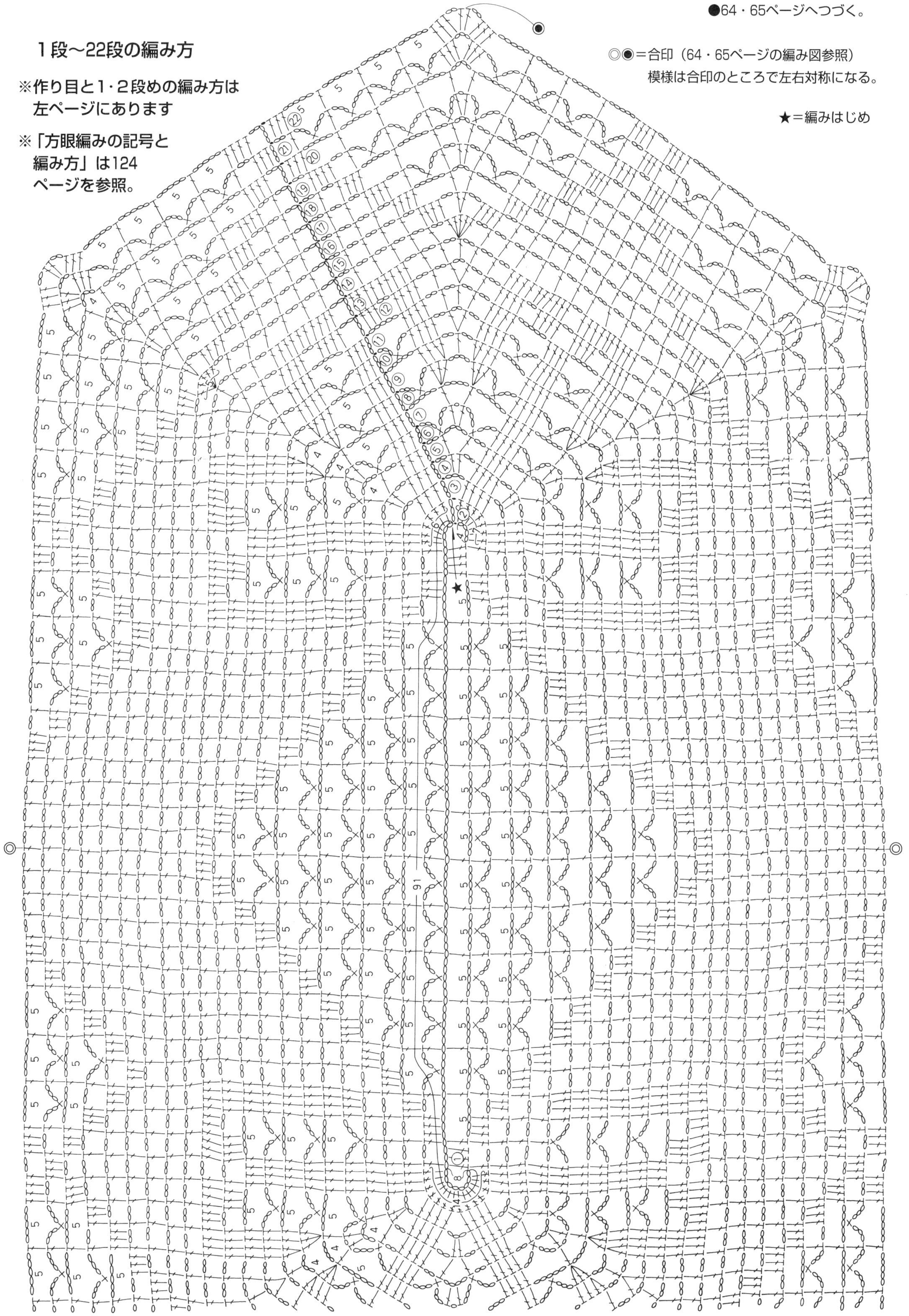

●63ページからつづく。

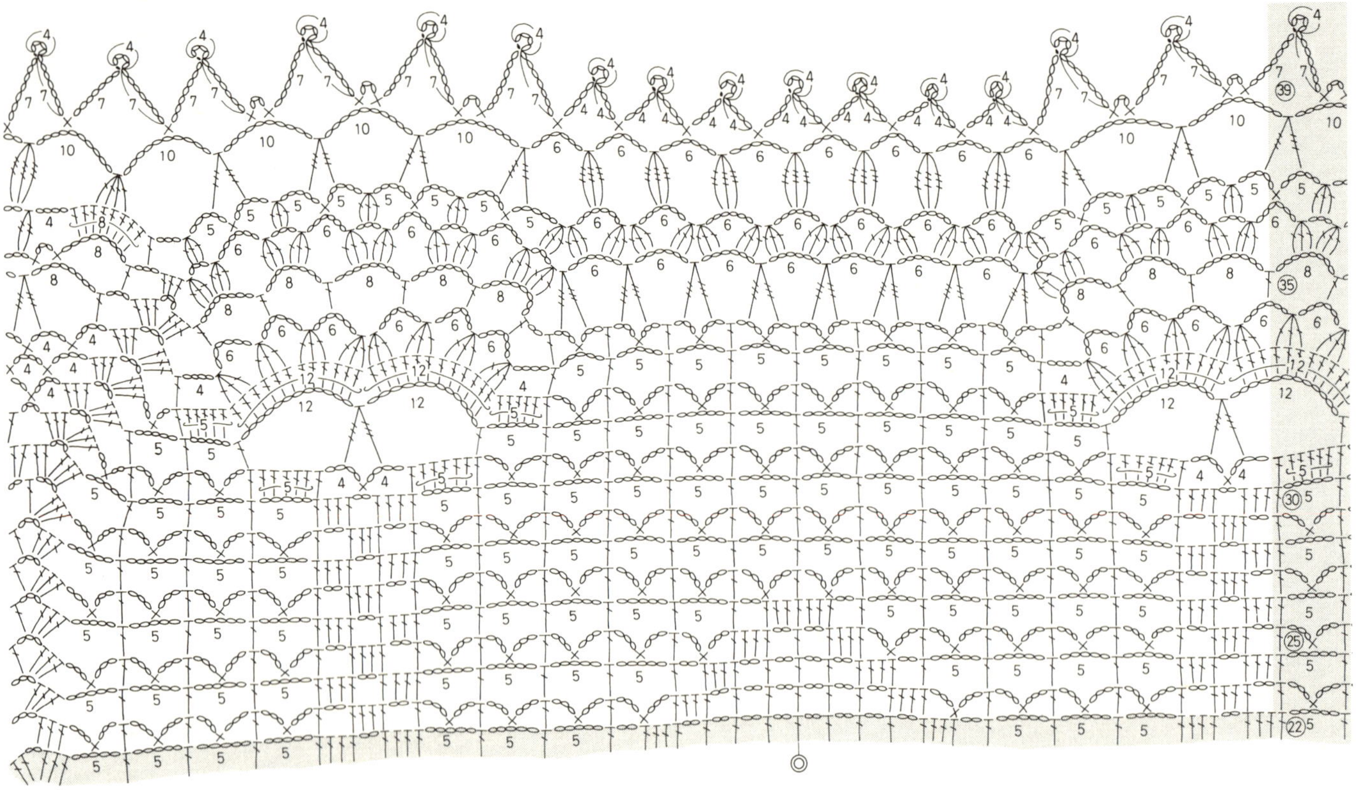

※うす墨部分の㉒は63ページの㉒と同じ。
また、64ページ右端の縦のうす墨部分は、65ページの左端と同じ。

※左右丸数字の段を合印として合わせる。

10のテーブルセンターの編み方

方眼編みの基礎は124ページ参照。63ページの図の中央★印から編みはじめます。作り目と1・2段のくわしい編み方は62ページの図を参照。3段から22段は63ページ参照。23段から39段は、65ページ左端の丸数字の段と64ページ右端の丸数字の段を合印として合わせて編みます。◎と◉印で模様が左右対称になります。

23段～39段の編み方

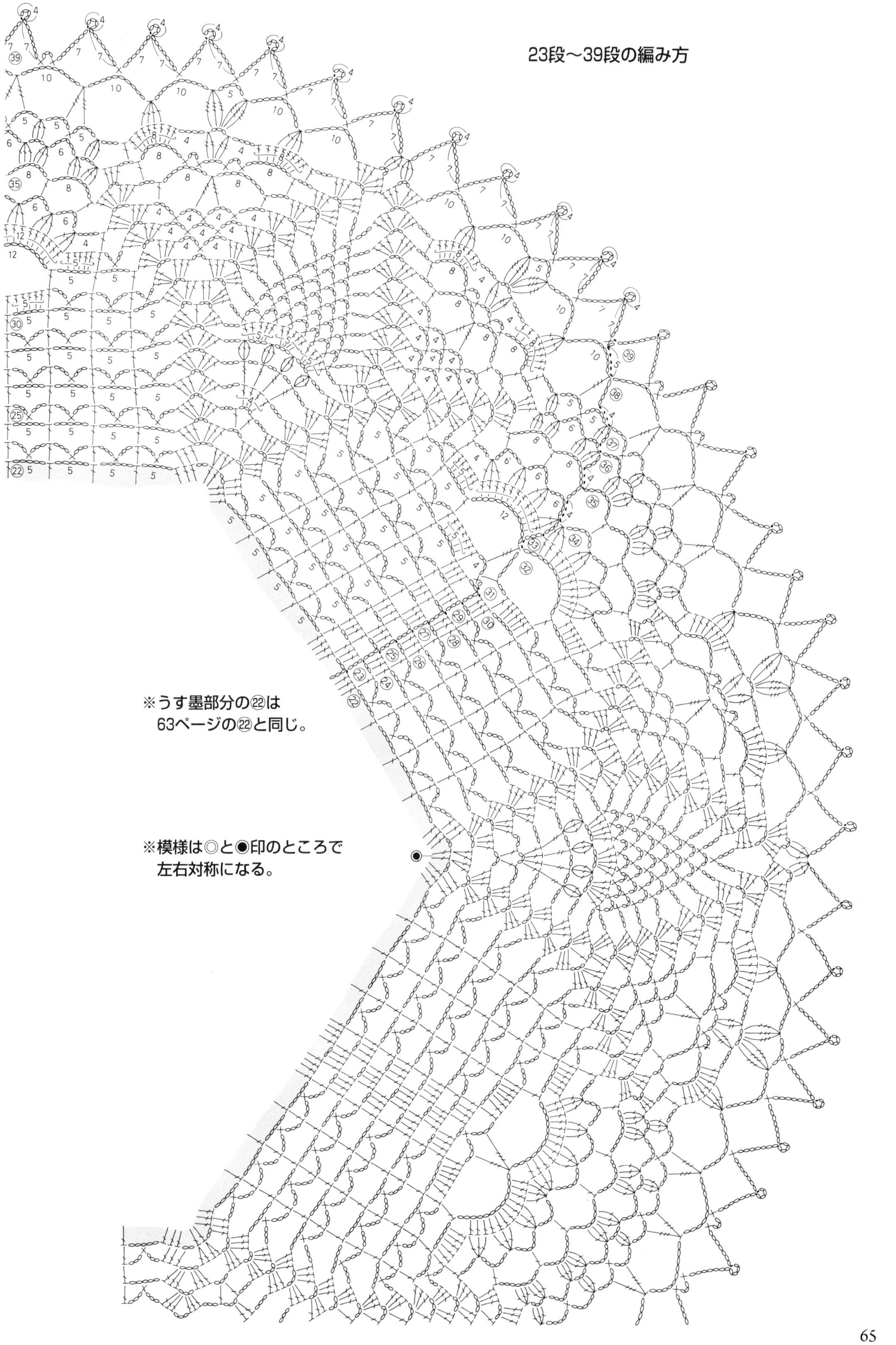

※うす墨部分の㉒は
63ページの㉒と同じ。

※模様は◎と◉印のところで
左右対称になる。

17ページの作品

12 テーブルセンター

材料　オリムパスレース糸金票40番の白を24g

用具　クロバー８号レース針

でき上がり寸法　14cm×48cm

編み方　モチーフは２段めでこま編みでつなぎます。12枚つないで縁編みを編みます。

※モチーフのつなぎ方は122ページの「こま編みでつなぐ」を参照。

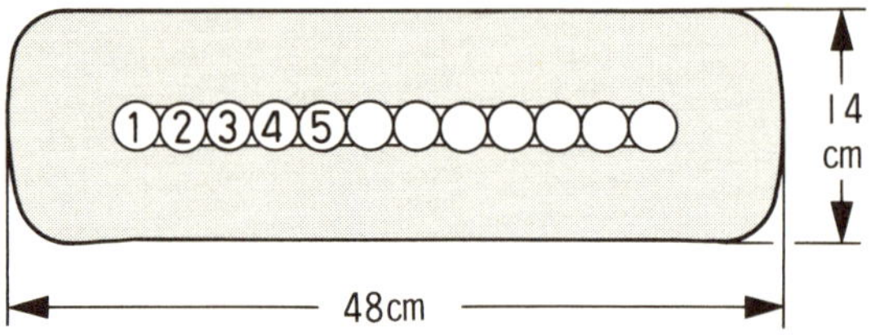

◁＝糸をつける
◀＝糸を切る

123ページの「糸をつける・糸を切る」「糸端の始末」を参照。

18ページの作品

13 ドイリー

材料　オリムパスレース糸金票40番の白を17g

用具　クロバー８号レース針

でき上がり寸法　直径27cm

編み方　糸の輪を作り、１段めは鎖３目で立ち上がり、長編みを19目編んで、立ち上がりの鎖３目めに引き抜きます。２段から21段は下図を参照して編みます。

19ページの作品

14 ドイリー

材料 オリムパスレース糸金票40番の白を28g

用具 クロバー８号レース針

でき上がり寸法 直径35cm

編み方 糸の輪を作り、１段めは鎖３目で立ち上がり、長編みを23目編みます。26段からはじまるネット編みは同じように見えますが、29・30段で○印と●印の編み方が違いますので、注意して図のように編みます。

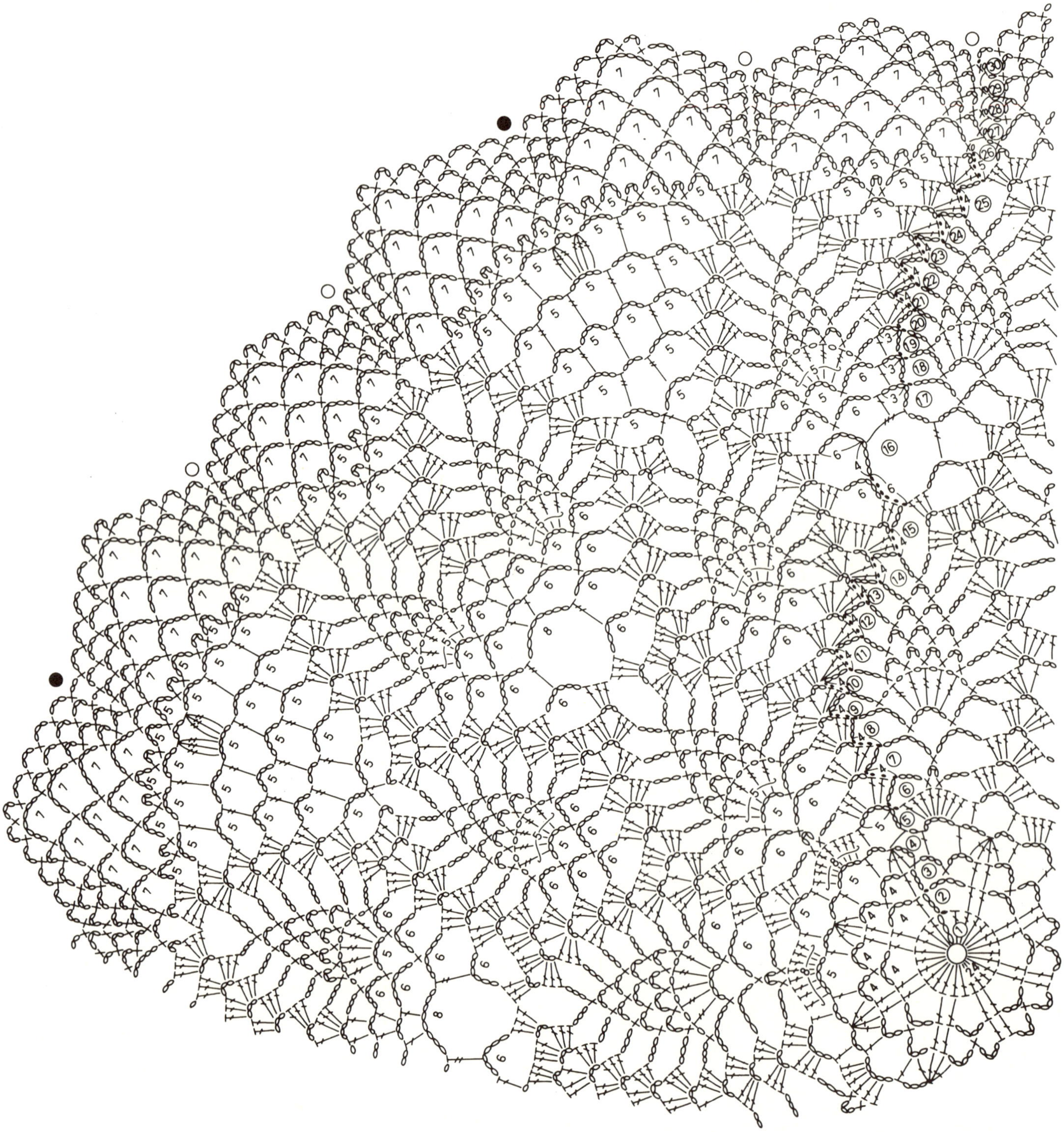

20ページの作品

15 ドイリー

材料　オリムパスレース糸金票40番の白を25g

用具　クロバー８号レース針

でき上がり寸法　直径35cm

編み方　糸の輪を作り、１段めは鎖３目で立ち上がり、長編みを23目編んで、立ち上がりの鎖３目めに引き抜きます。２段から31段は下図を参照して編みます。

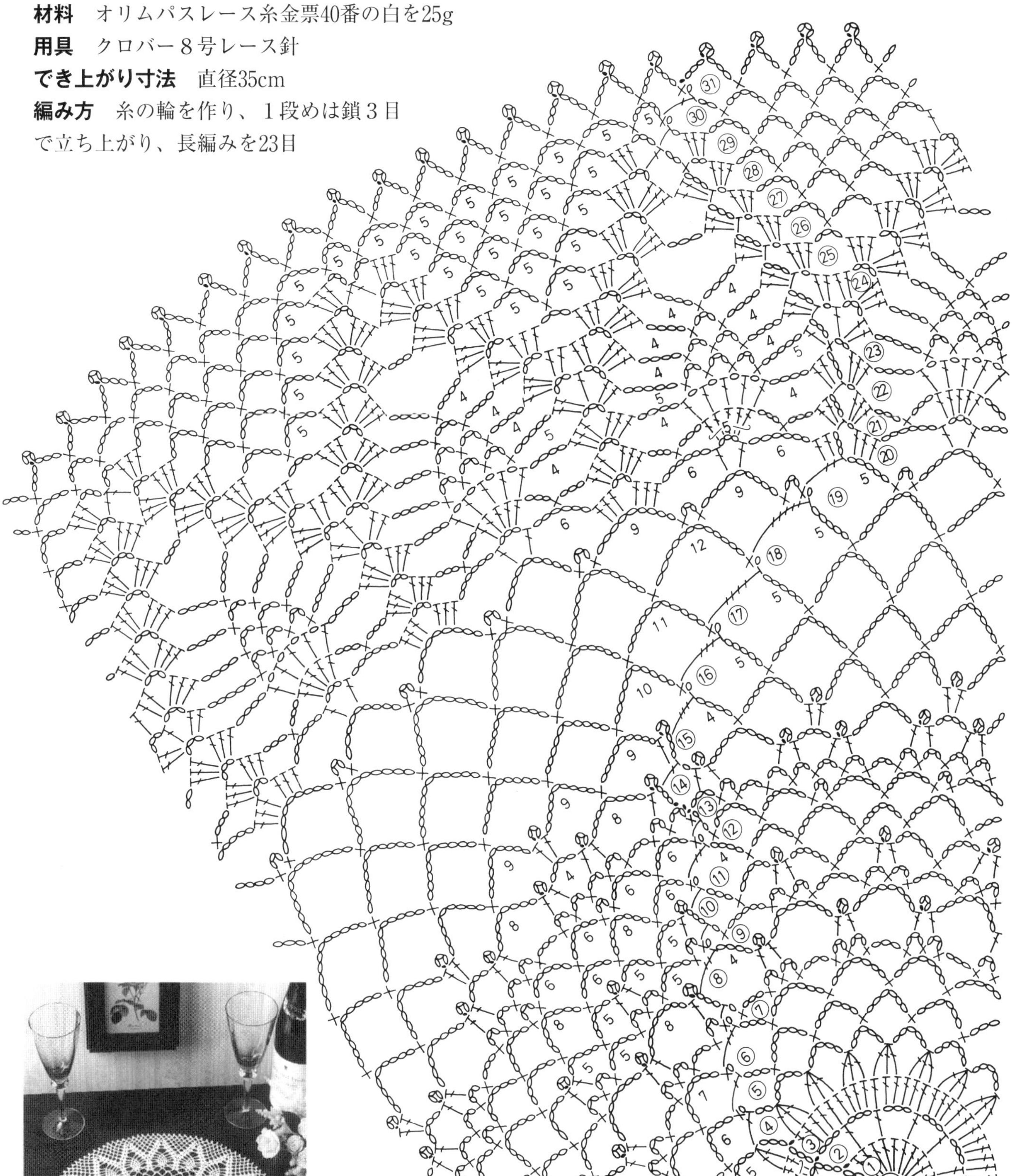

21ページの作品

16 ドイリー

材料　オリムパスレース糸金票40番の白を16g

用具　クロバー８号レース針

でき上がり寸法　直径30cm

編み方　119ページの「鎖の輪を作る」を参照して、鎖８目の輪を作って引き抜きます。１段めは鎖３目で立ち上がり、長編みを23目編んで、立ち上がりの鎖３目めに引き抜きます。２段から22段は下図を参照して編みます。

21ページの作品

17 ドイリー

材料　オリムパスレース糸金票40番の白を20g

用具　クロバー８号レース針

でき上がり寸法　直径31cm

編み方　糸の輪を作り、１段めは鎖３目で立ち上がり、長編みを23目編んで、立ち上がりの鎖３目めに引き抜きます。２段から27段は下図を参照して編みます。

22ページの作品

18 ドイリー

材料　オリムパスレース糸金票40番の白を23g

用具　クロバー8号レース針

でき上がり寸法　直径33cm

編み方　図を参照して編みます。

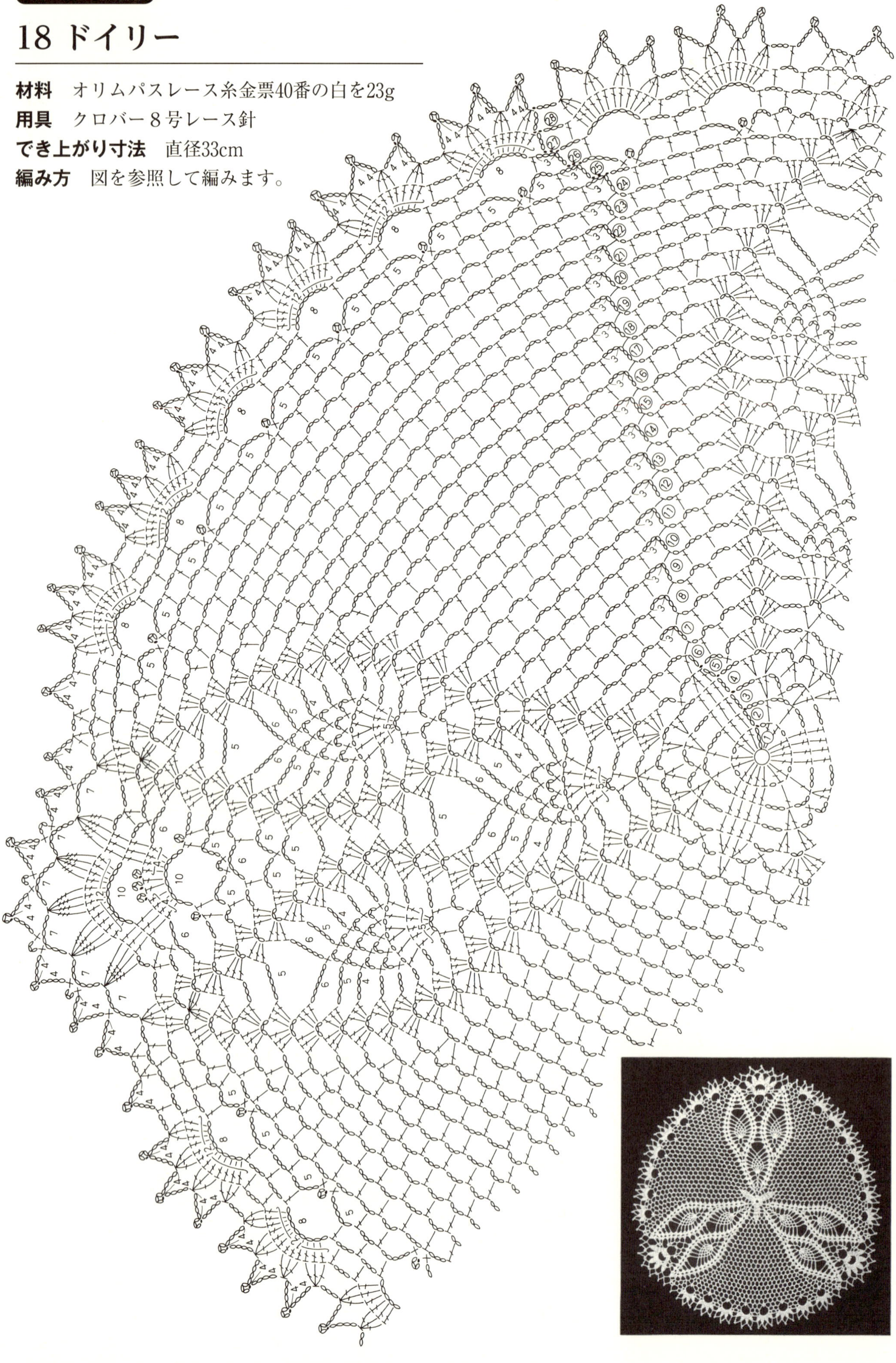

23ページの作品

19 ドイリー

材料　オリムパスレース糸金票40番の白を14g
用具　クロバー８号レース針
でき上がり寸法　25cm×25cm
編み方　下図を参照して１段から21段を編みます。

38ページの作品

39 ドイリー

材料 オリムパスレース糸金票40番の白を４g
用具 クロバー８号レース針
でき上がり寸法 13cm×14cm
編み方 下図を参照して編みます。

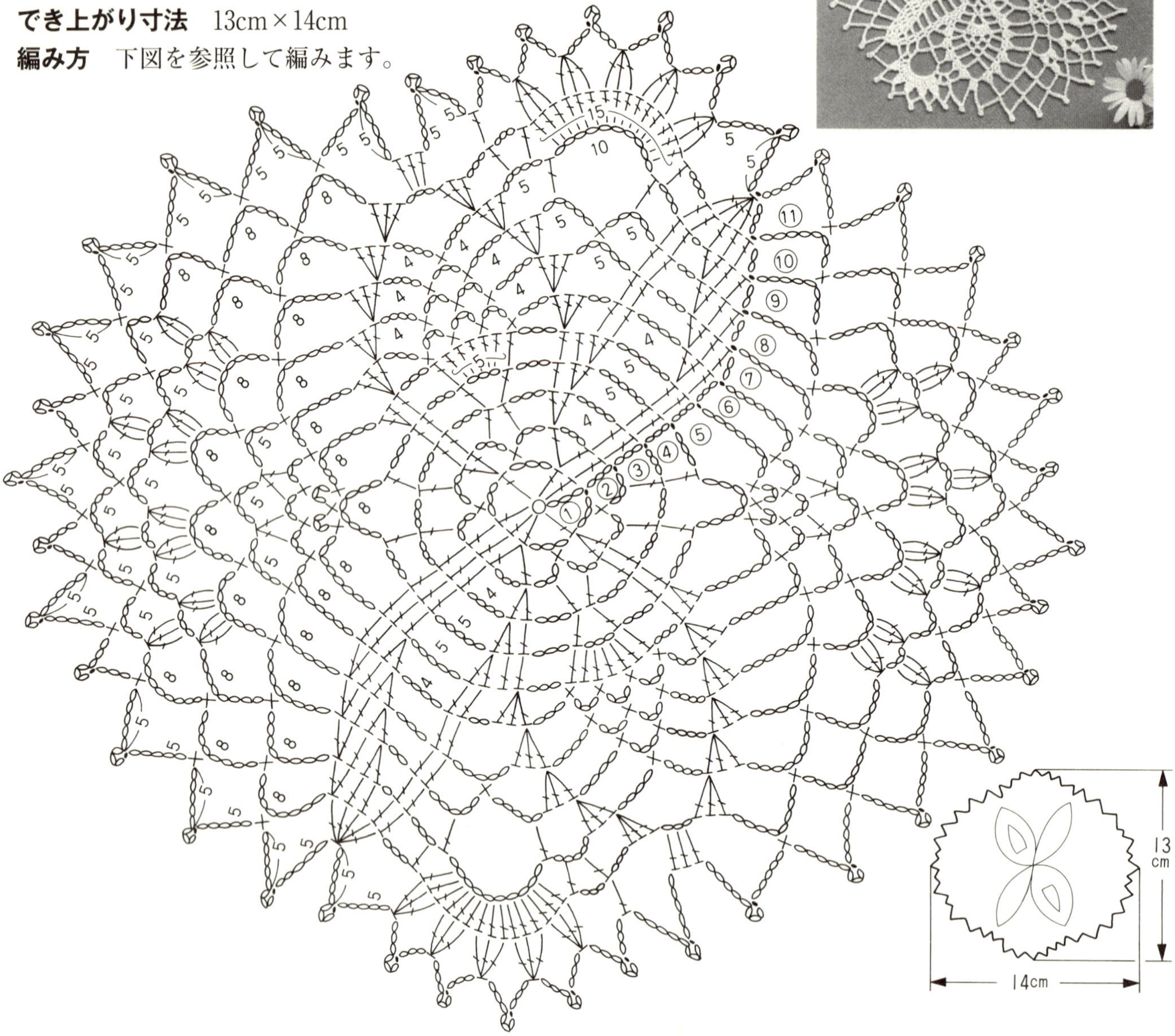

23ページの作品

20 ドイリー

材料 オリムパスレース糸金票40番の白を11g
用具 クロバー８号レース針
でき上がり寸法 25cm×26cm

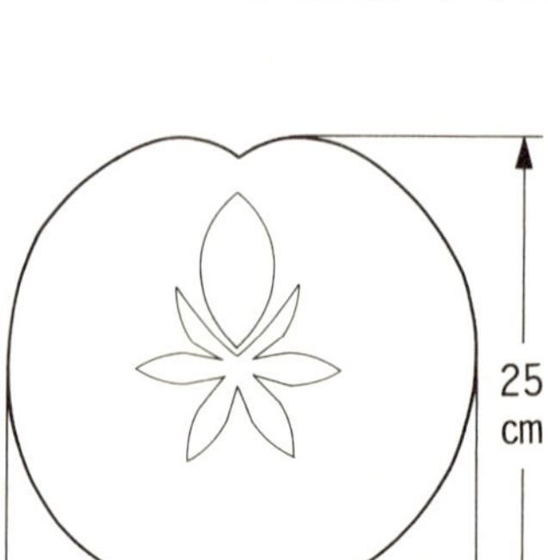

編み方 右ページを参照して編みます。２段から20段まで、パイナップル模様以外は繰り返しです。

表紙・24・25ページの作品

21・22 テーブルセンター

材料 オリムパスレース糸金票40番の白を**21**は55g、**22**は50gと麻布の白を23cm×23cm

用具 クロバー８号レース針

でき上がり寸法 **21**は直径54cm、**22**は直径54cm、エジング幅17.5cm

21の編み方 右ページを参照。

22の編み方 下図を参照。

22のテーブルセンター

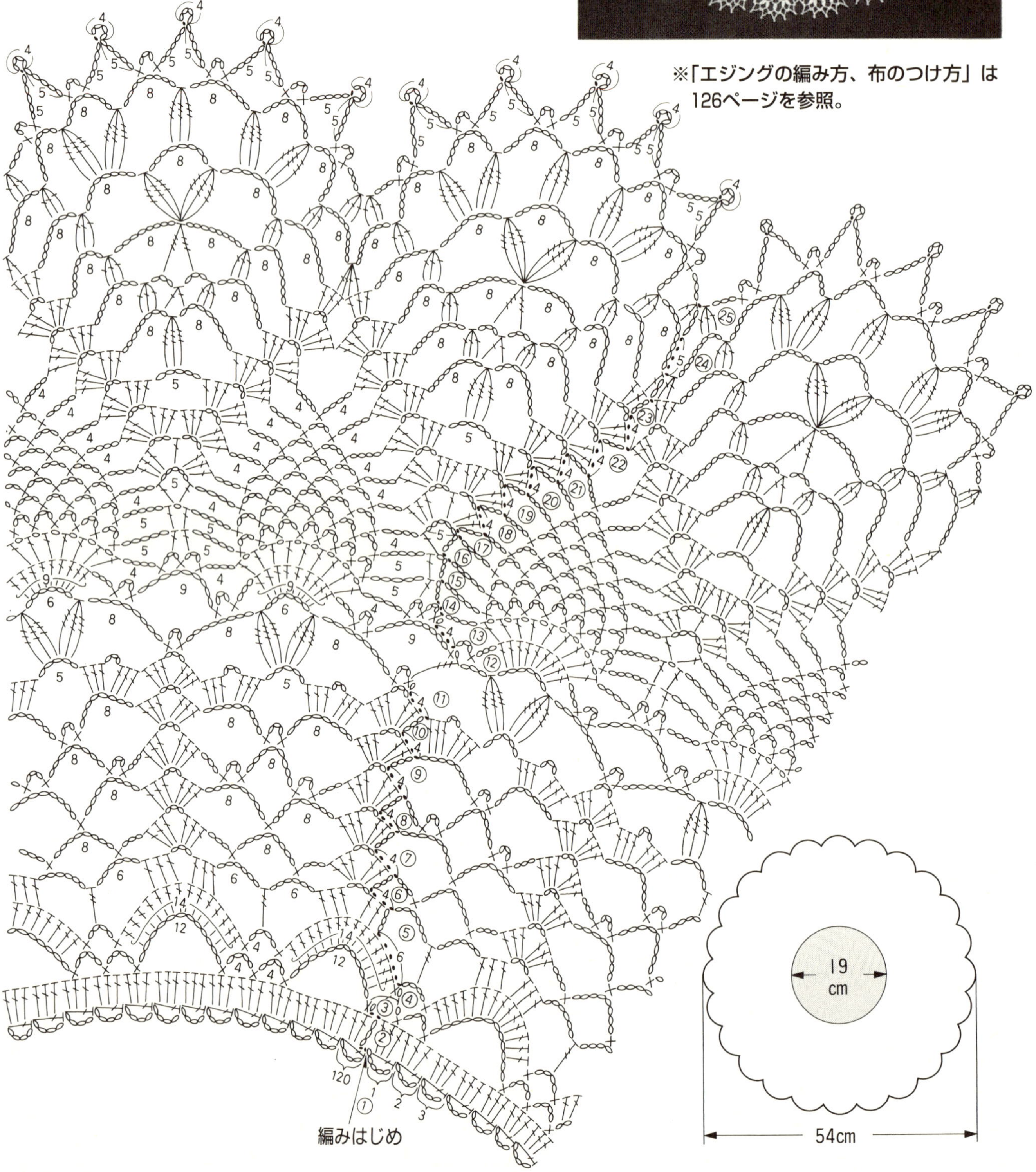

※「エジングの編み方、布のつけ方」は126ページを参照。

21のテーブルセンター

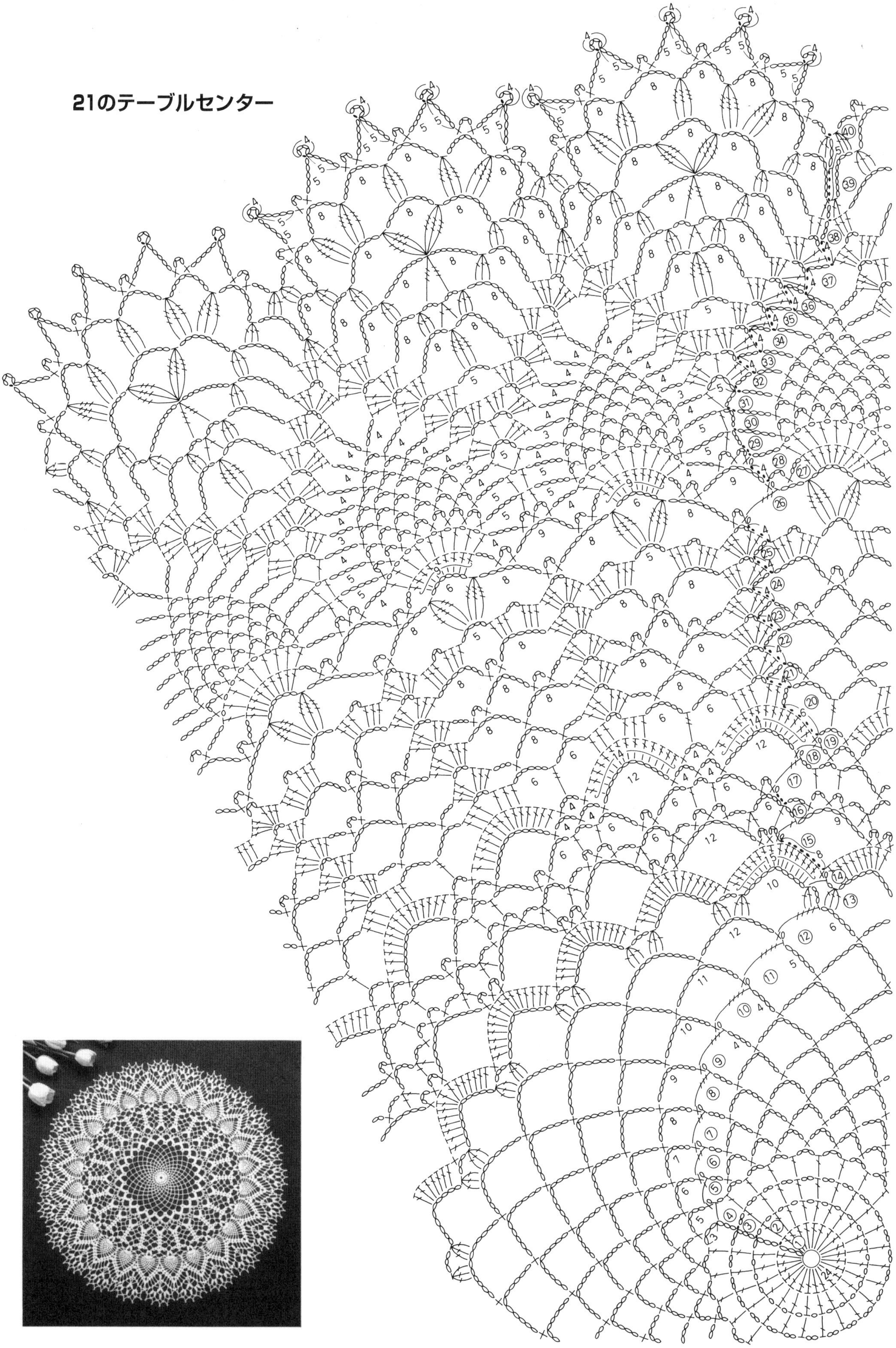

25ページの作品

23 テーブルセンター

材料　オリムパスレース糸金票40番の白を44g、麻布の白を31cm×31cm

用具　クロバー８号レース針

でき上がり寸法　直径54cm、エジング幅13.5cm

編み方　下図を参照して編みます。

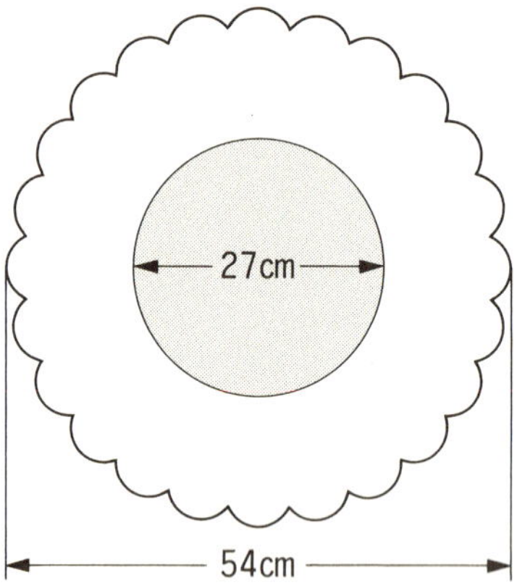

※「エジングの編み方、布のつけ方」は126ページを参照。

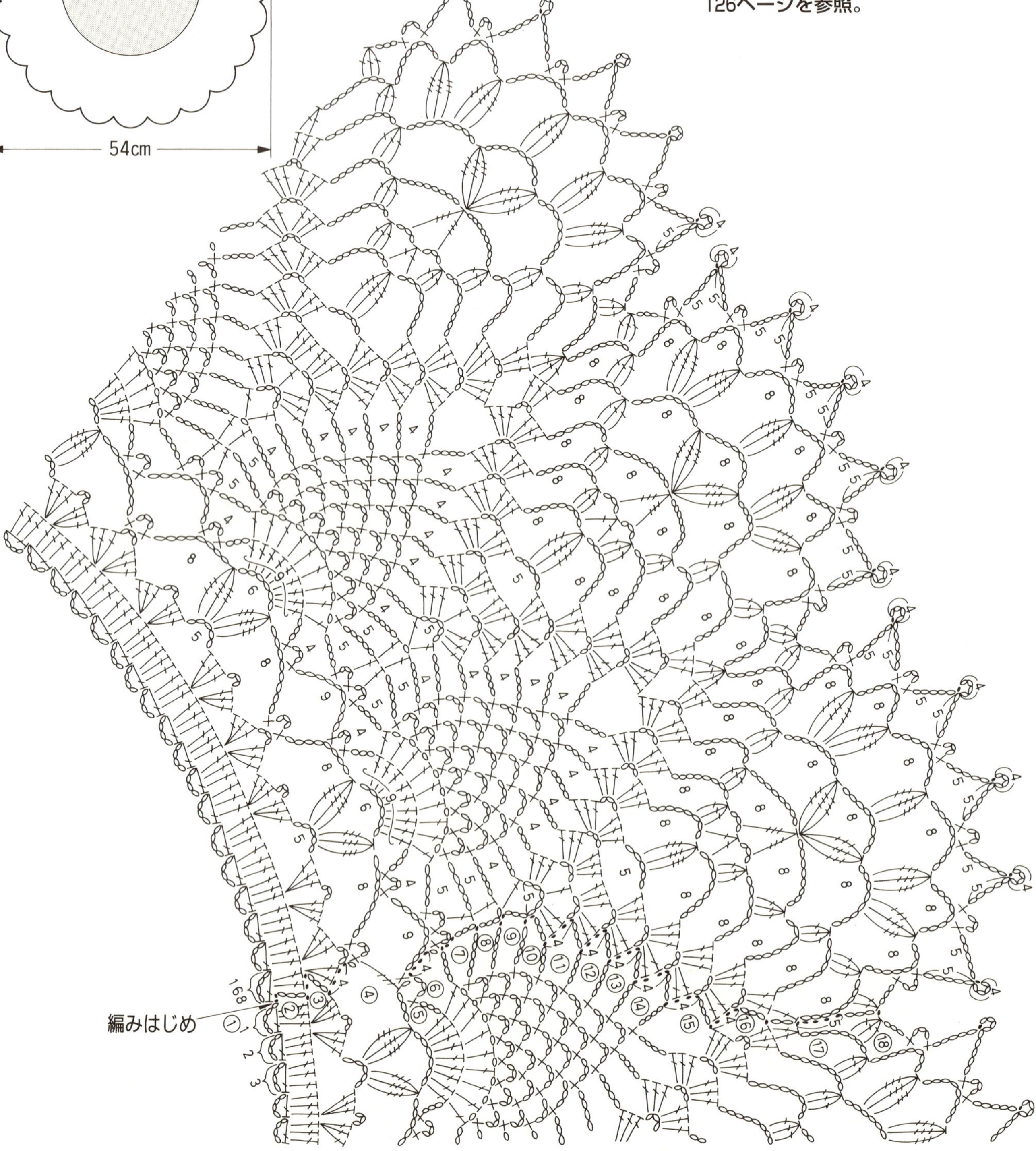

38ページの作品

40 ドイリー

材料　オリムパスレース糸金票40番の白を９g

用具　クロバー８号レース針

でき上がり寸法　17cm×17cm

編み方　糸の輪を作り、１段めは鎖３目で立ち上がり、長編みを23目編んで、立ち上がりの鎖３目めに引き抜きます。２段から17段は下図を参照して編みます。

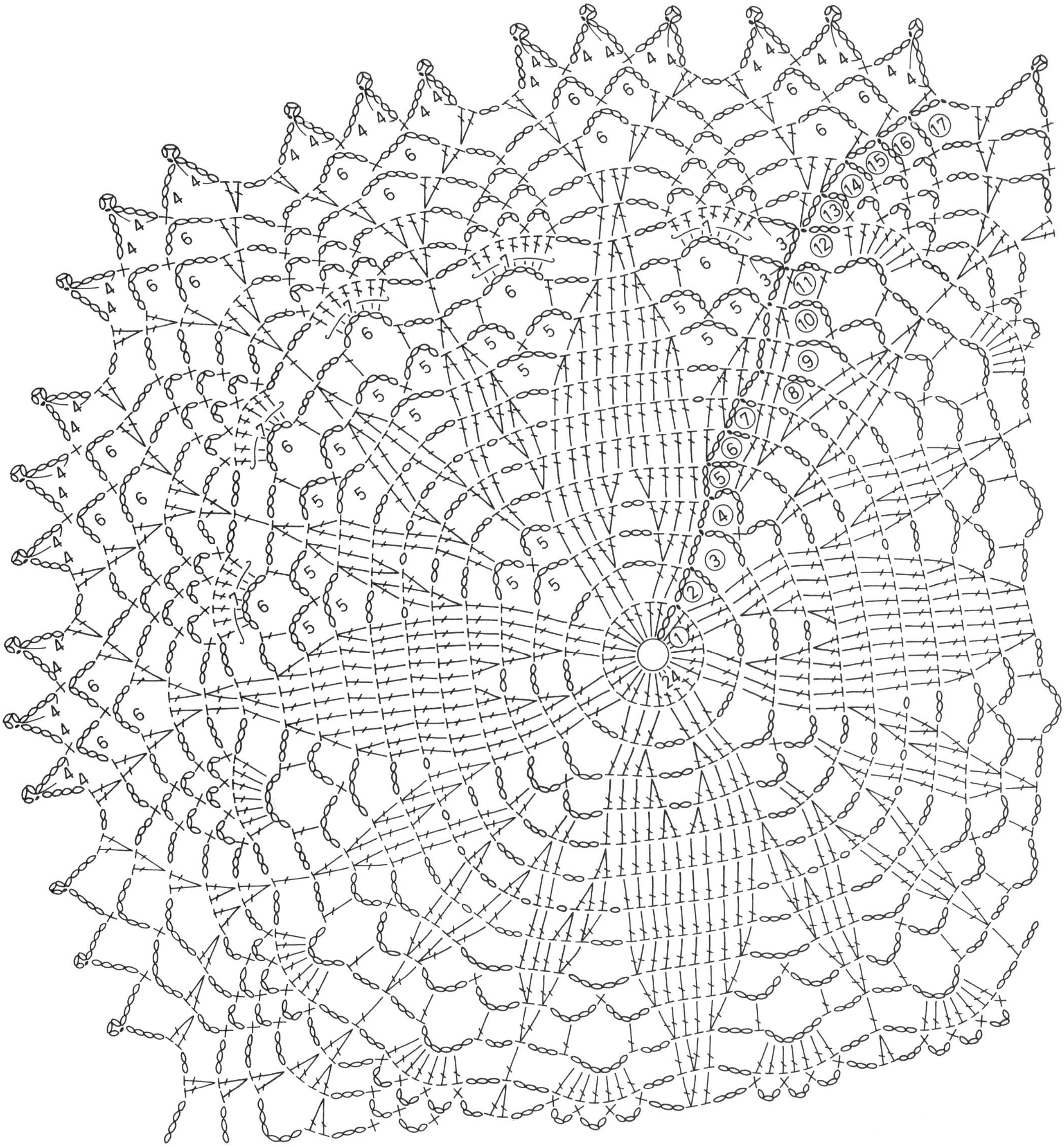

26・27ページの作品

24·25 テーブルセンター

材料　オリムパスレース糸金票40番の白を**24**は58g、**25**は39g。**25**は麻布の白を35cm×35cm

用具　クロバー8号レース針

でき上がり寸法　**24**・**25**とも直径53cm、**25**のエジング幅11cm

24の編み方　下図を参照。

25の編み方　右ページを参照。

24のテーブルセンター

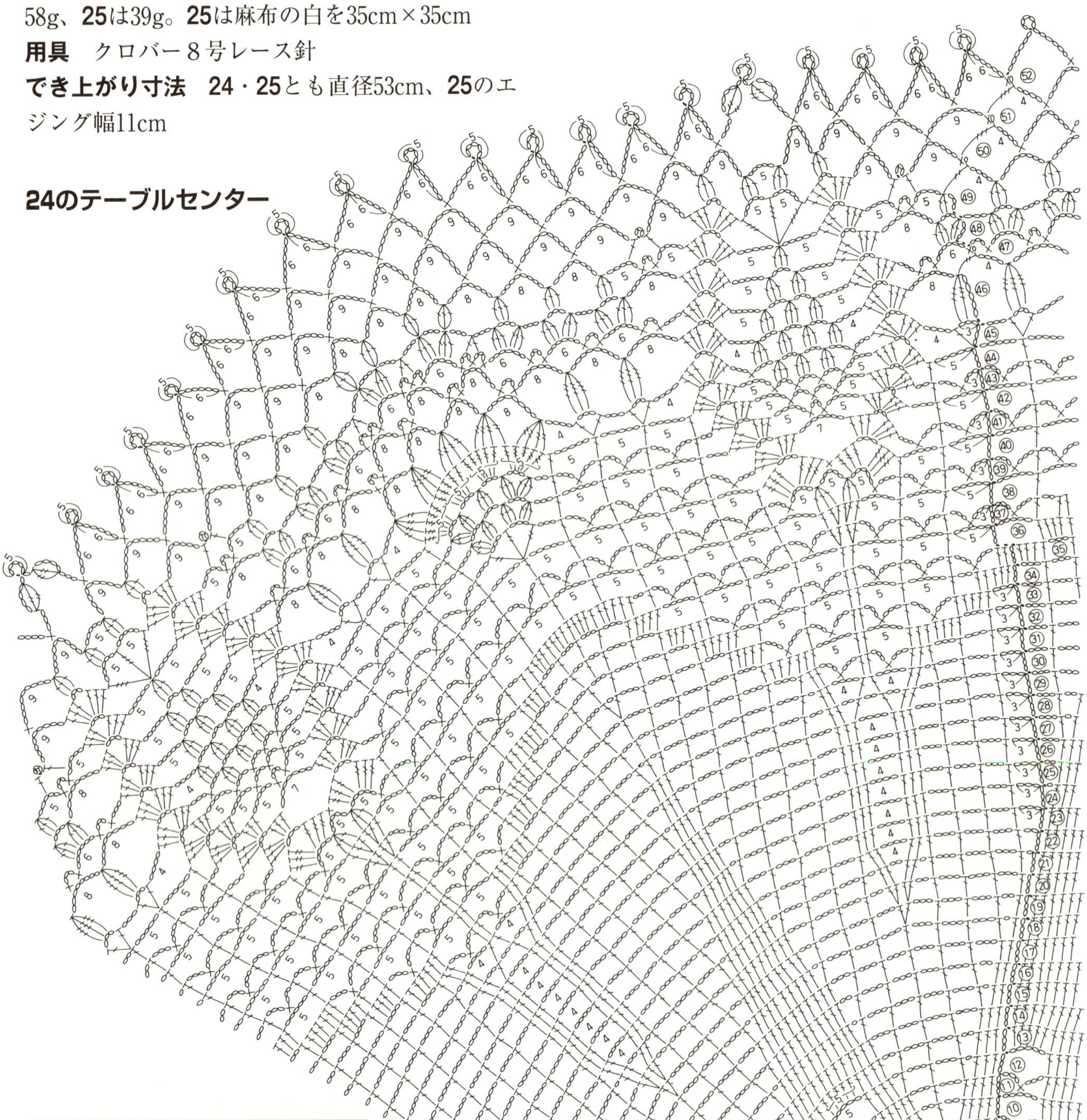

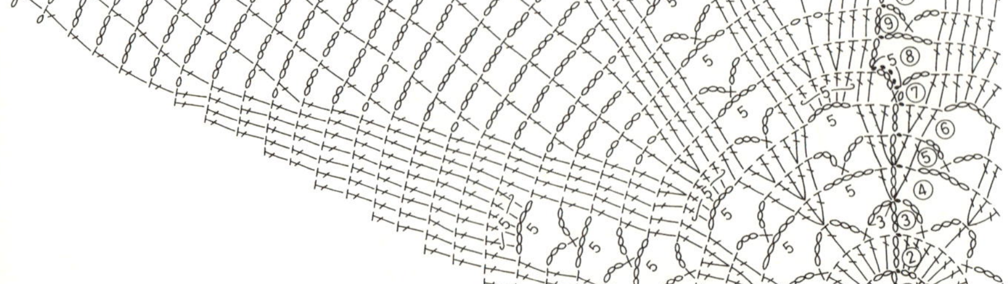

25のテーブルセンター

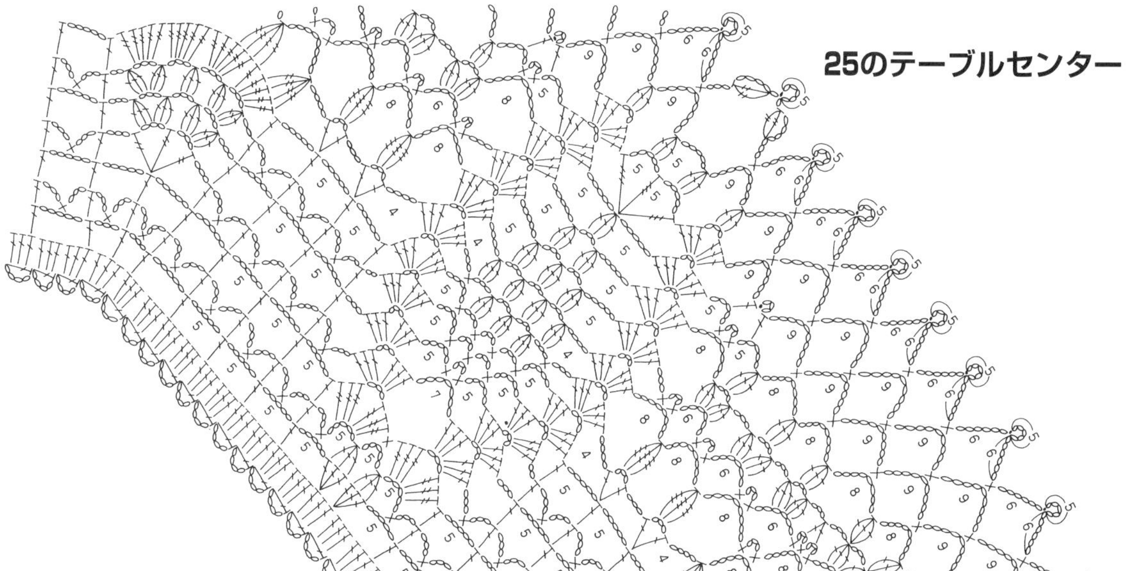
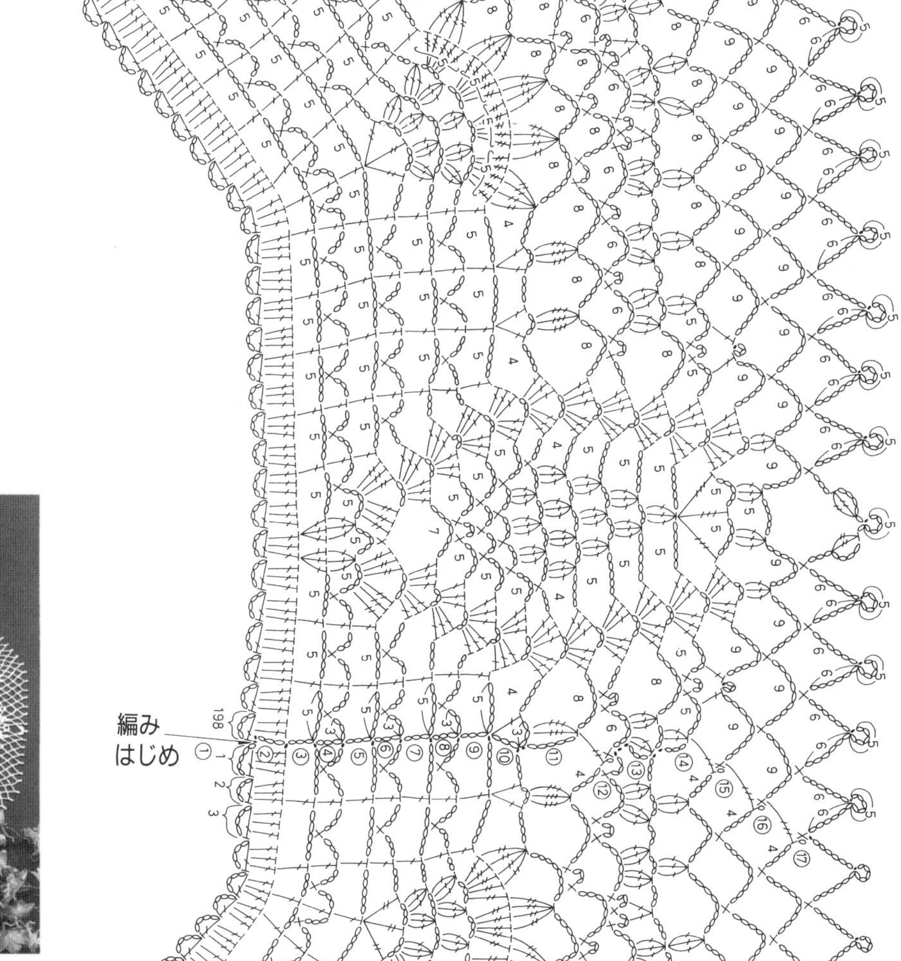

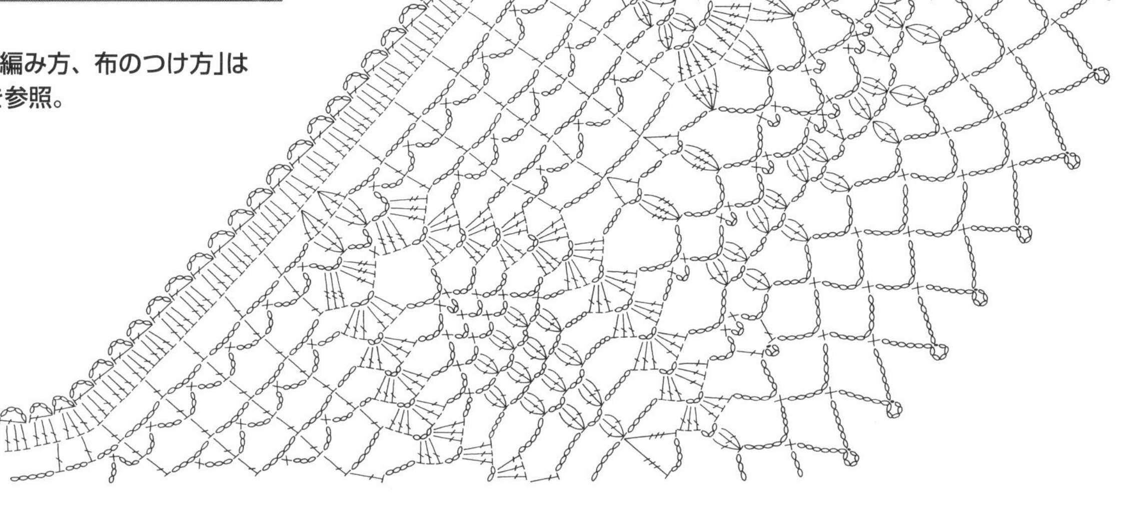

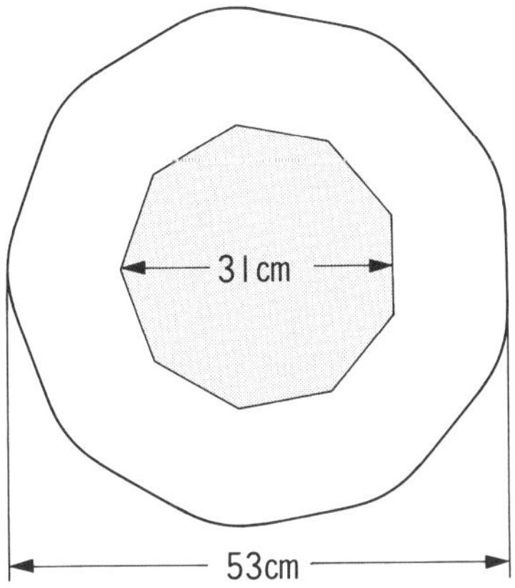

※「エジングの編み方、布のつけ方」は
126ページを参照。

28ページの作品

26 テーブルセンター

材料　オリムパスレース糸金票40番の白を48g

用具　クロバー８号レース針

でき上がり寸法　直径44cm

編み方　下図参照。

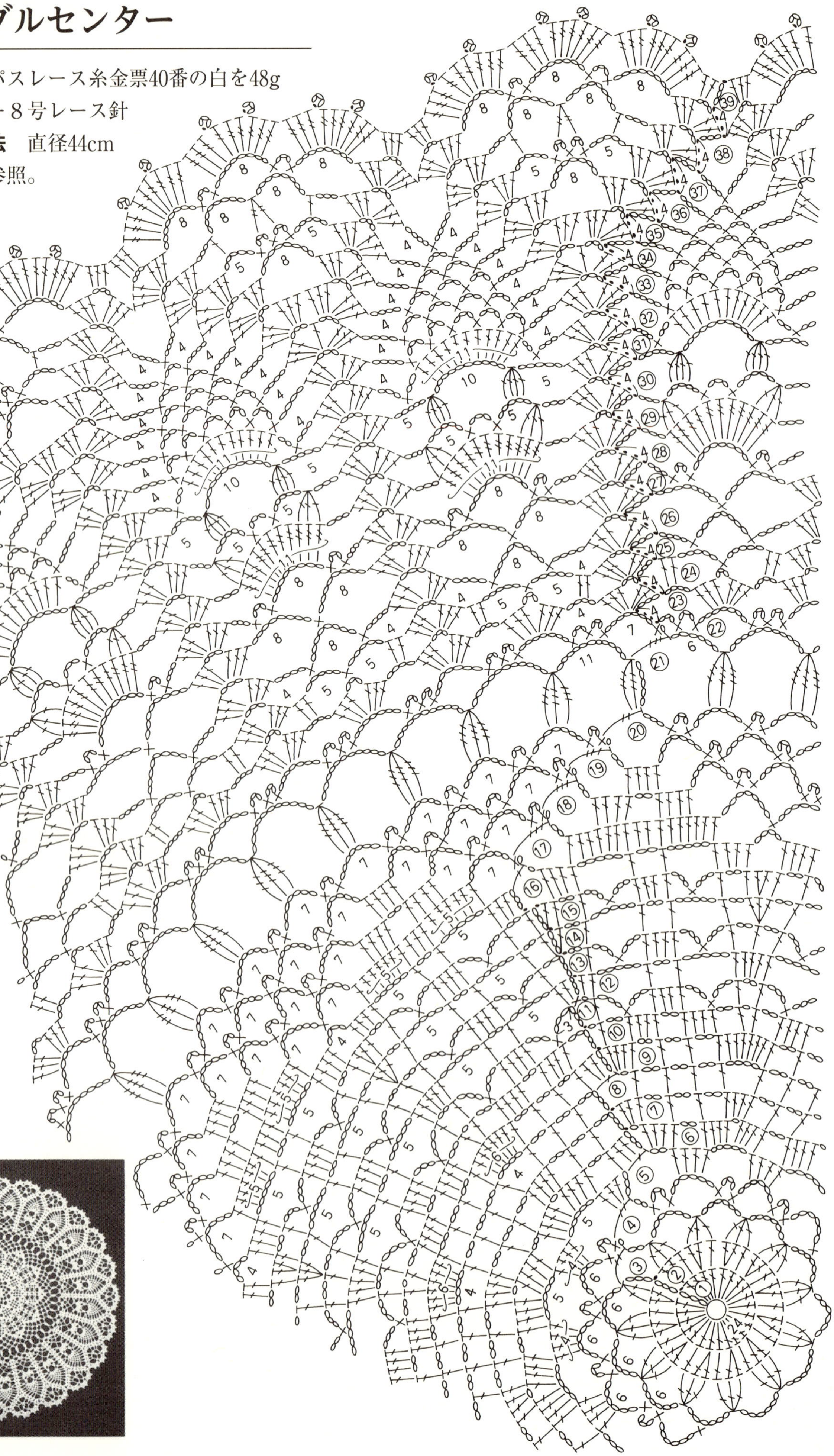

29ページの作品

27 テーブルセンター

材料　オリムパスレース糸金票40番の白を43g、麻布の白を19cm×19cm

用具　クロバー８号レース針

でき上がり寸法　直径44cm、エジング幅14.5cm

編み方　下図参照。

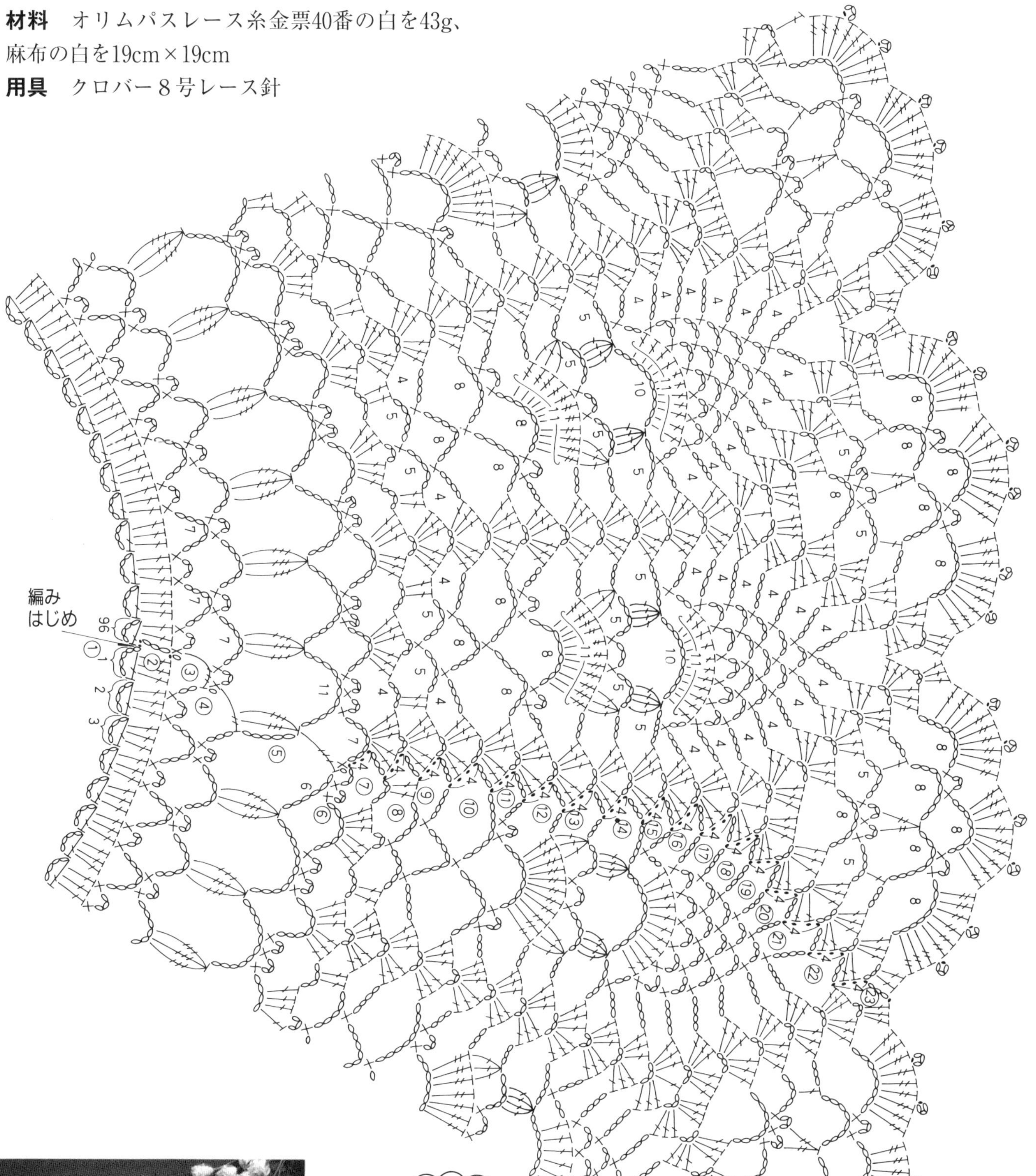

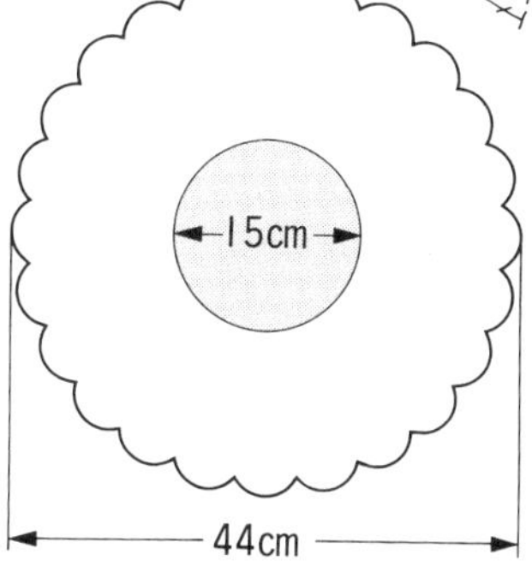

※「エジングの編み方、布のつけ方」は126ページを参照。

30ページの作品

28 テーブルセンター

材料　オリムパスレース糸金票40番の白を30g、麻布の白を31cm×31cm

用具　クロバー８号レース針

でき上がり寸法　直径44cm、エジング幅8.5cm

編み方　下図を参照して編みます。

※「エジングの編み方、布のつけ方」は126ページを参照。

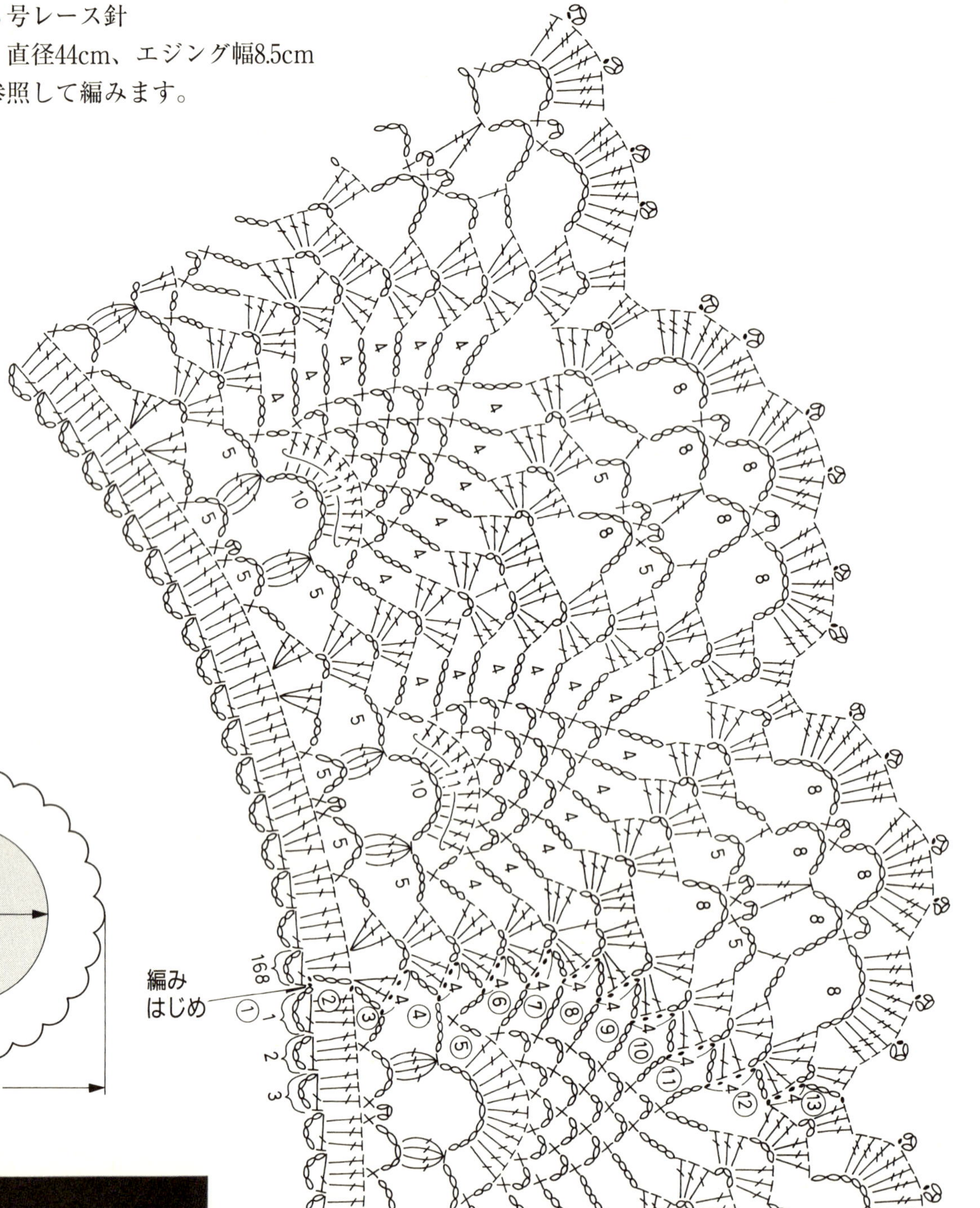

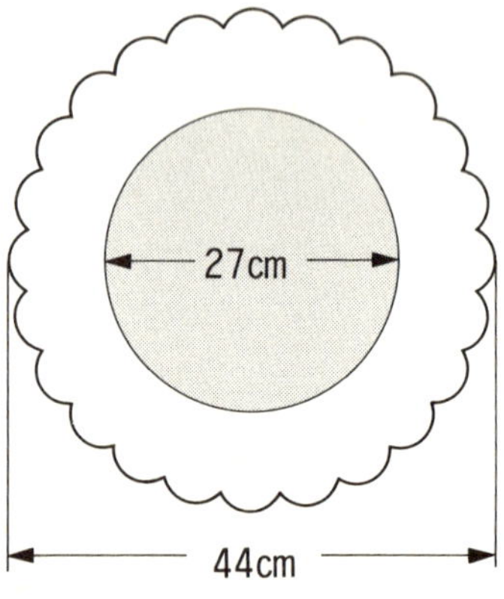

43ページの作品

47 ドイリー

材料　オリムパスレース糸金票40番の白を８g
用具　クロバー８号レース針
でき上がり寸法　16cm×16cm

編み方　119ページの「鎖の輪を作る」を参照して鎖12目で輪を作り、１段めは鎖１目で立ち上がり、こま編み20目を編んで、こま編み１目めに引き抜きます。

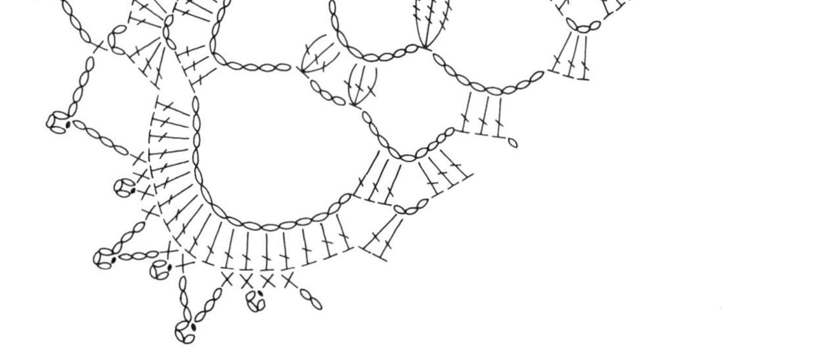

31ページの作品

29 ドイリー

材料　オリムパスレース糸金票40番の白を18g、麻布の白を12cm×22cm

用具　クロバー８号レース針

でき上がり寸法　25cm×36.5cm、エジング幅8.5cm

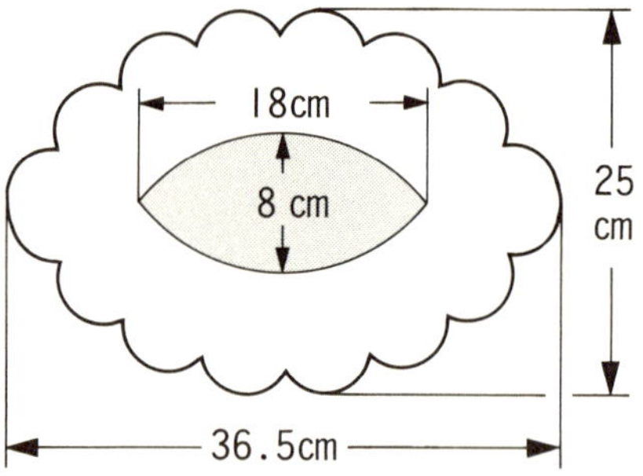

1・2段めの「かどの編み方」

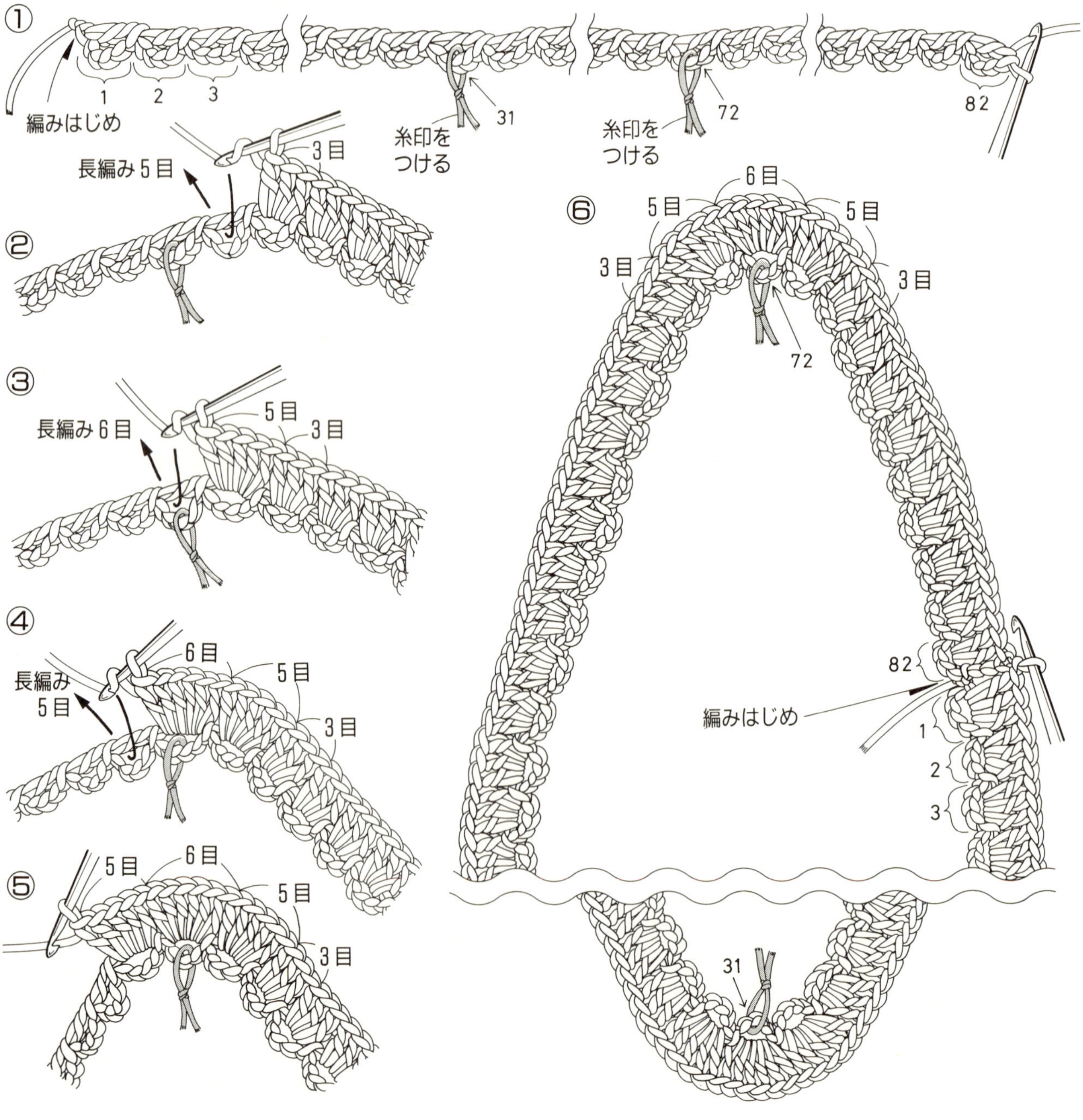

編み方　左ページを参照し、１段めでかどの位置に糸印をつけ、２段めは糸印をめやすにして、編み込む長編みの数を変えて、かどを作ります。

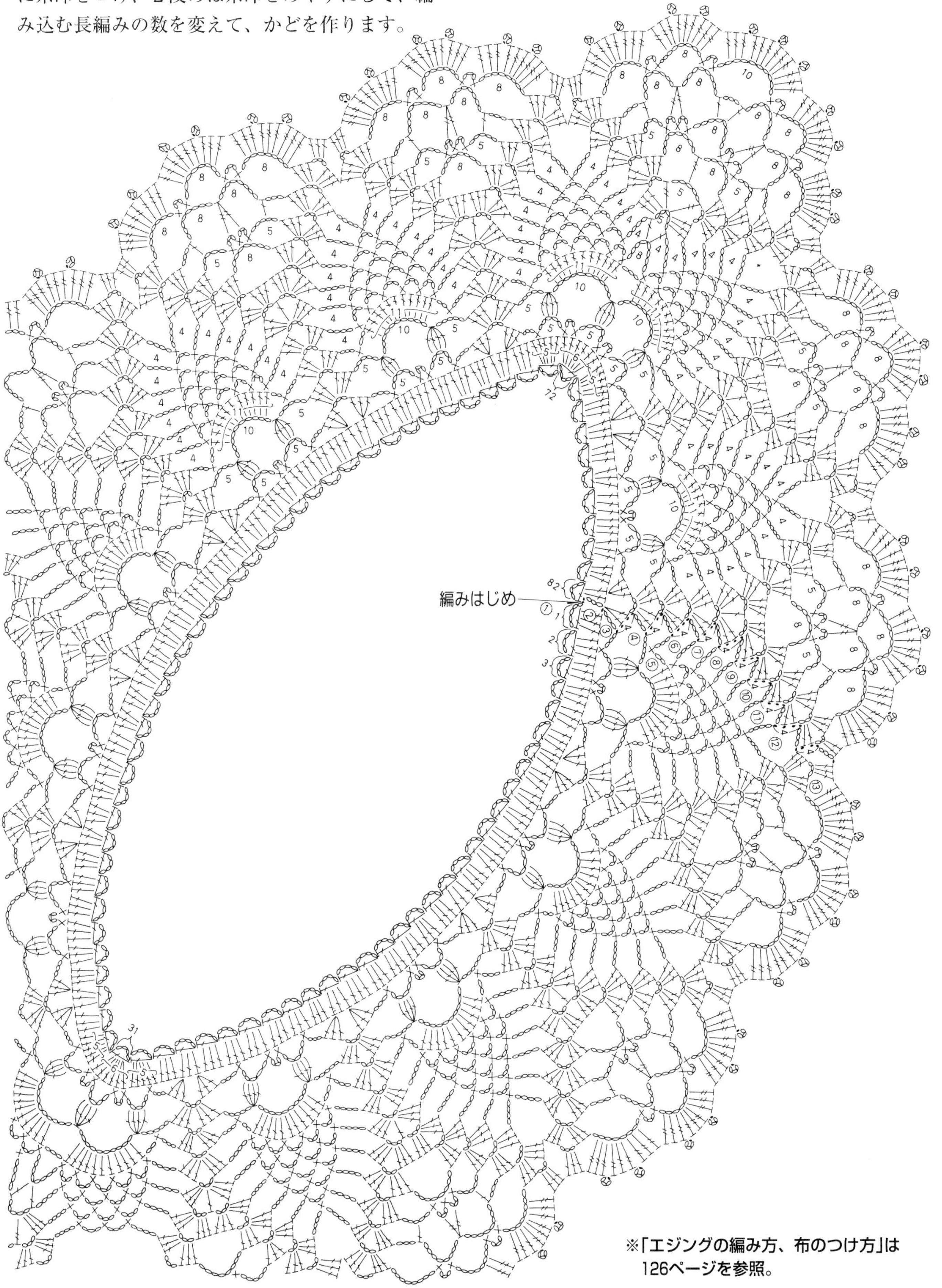

※「エジングの編み方、布のつけ方」は
126ページを参照。

32ページの作品

30 ドイリー

材料　オリムパスレース糸金票40番の白を10g

用具　クロバー８号レース針

でき上がり寸法　20.5cm×20.5cm

編み方　下図を参照して、１段から17段を編みます。

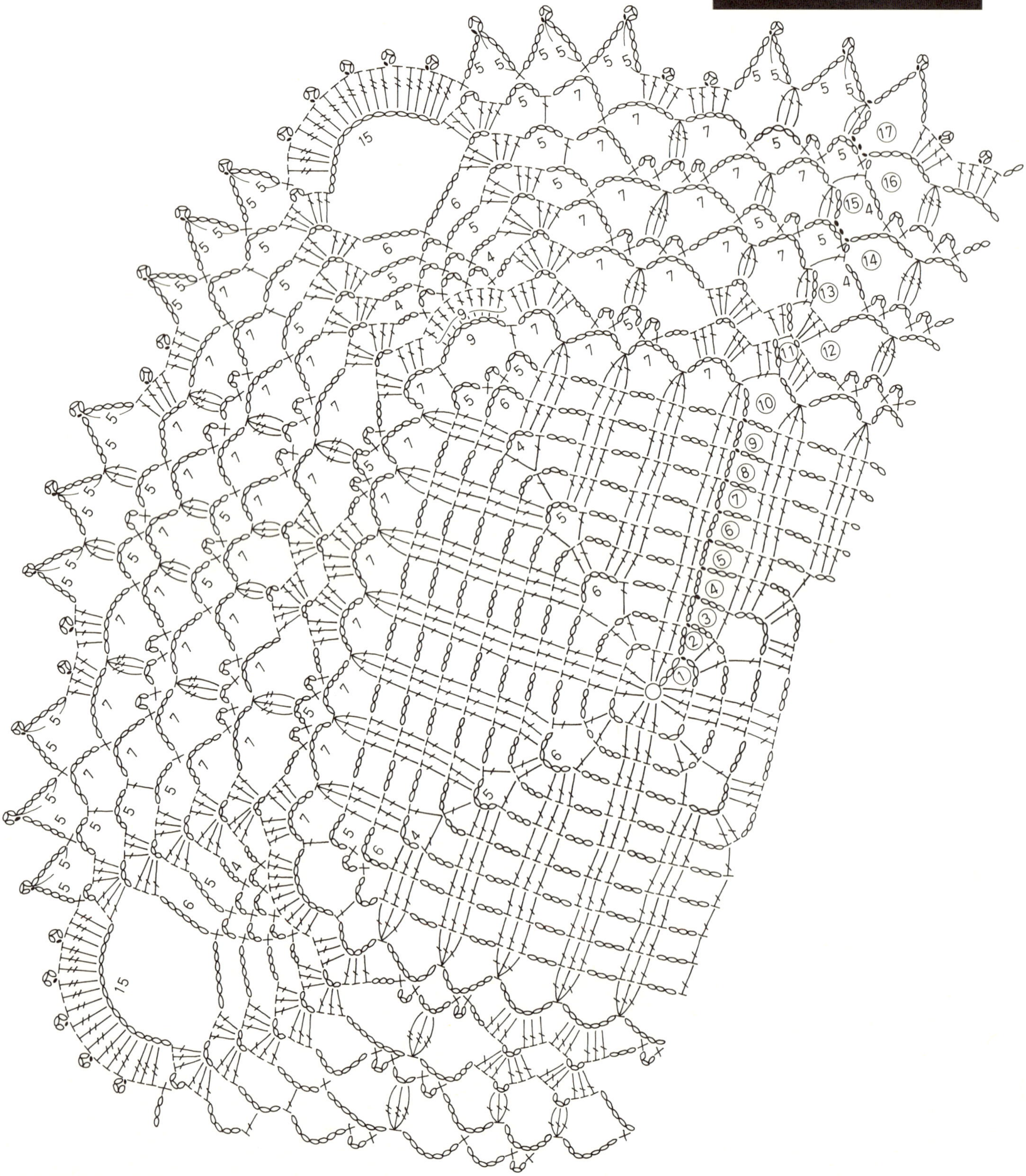

33ページの作品

32 ドイリー

材料　オリムパスレース糸金票40番の白を13g、麻布の白を15cm×15cm

用具　クロバー８号レース針

でき上がり寸法　25cm×25cm、エジング幅７cm

編み方　下図を参照して編みます。

※１段めは下図のとおり模様の数を繰り返しますが、かどの編み方の要領は96ページの図を参照。

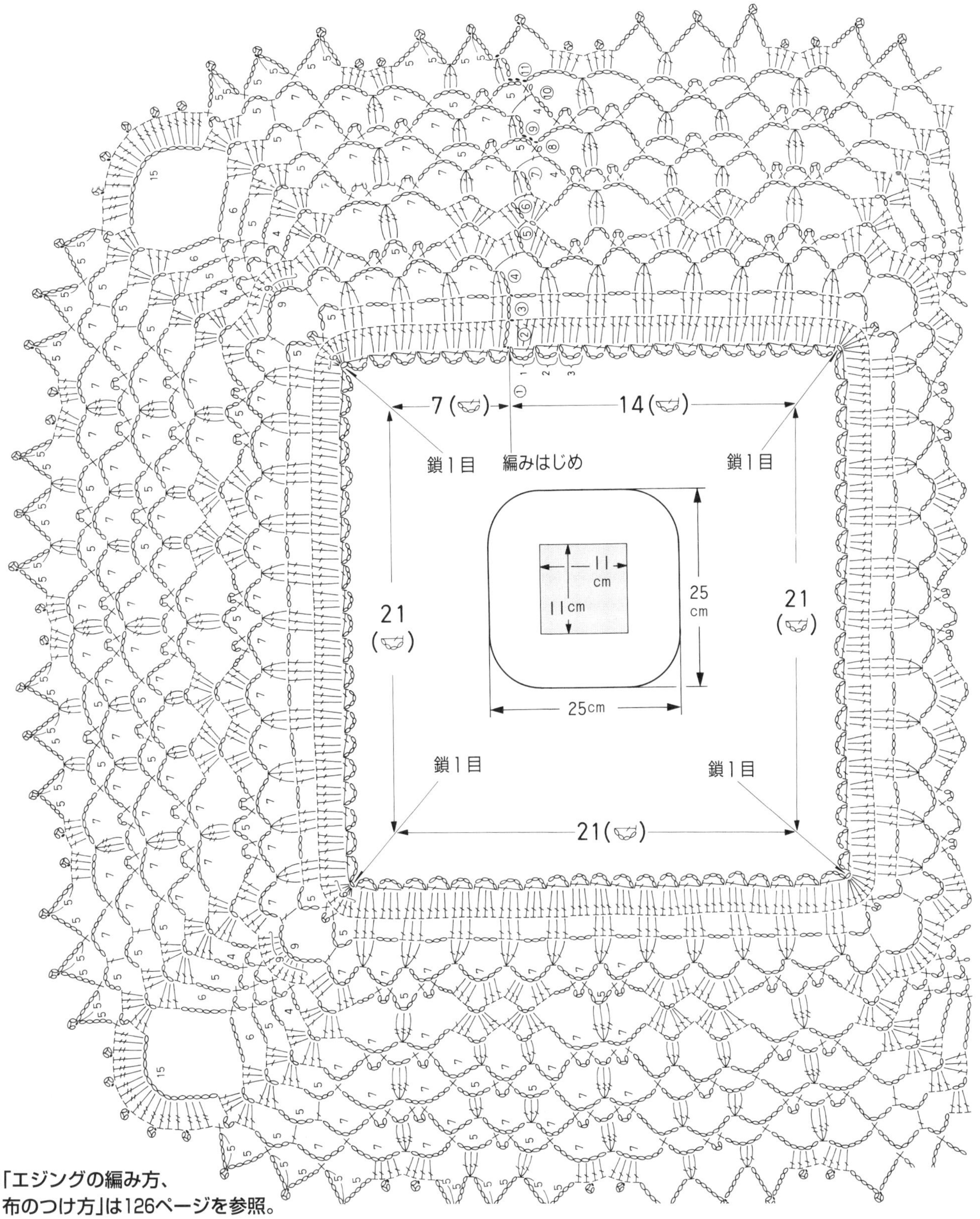

※「エジングの編み方、布のつけ方」は126ページを参照。

37ページの作品

38 ドイリー

材料　オリムパスレース糸金票40番の白を10g

用具　クロバー８号レース針

でき上がり寸法　直径21.5cm

編み方　糸の輪を作り、１段めは鎖３目で立ち上がり、長編みを19目編んで、立ち上がりの鎖３目めに引き抜きます。２段から17段は下図を参照して編みます。

34ページの作品

34 ドイリー

材料　オリムパスレース糸金票40番の白を25g、麻布の白を18cm×18cm

用具　クロバー８号レース針

でき上がり寸法　直径34.5cm、エジング幅10.5cm

編み方　下図を参照して編みます。

※「エジングの編み方、布のつけ方」は126ページを参照。

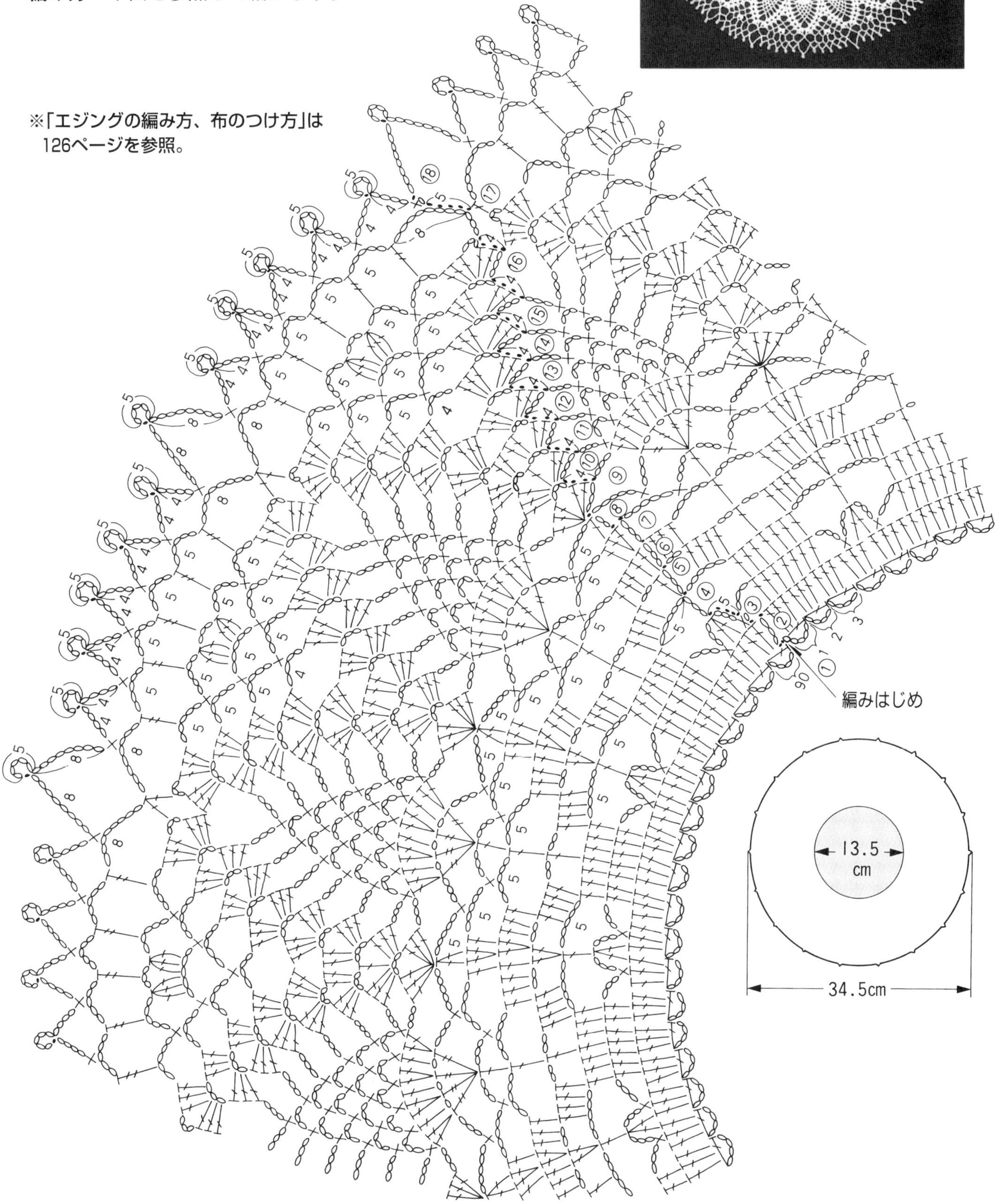

35ページの作品

35 テーブルセンター

材料　オリムパスレース糸金票40番の白を29g、麻布の白を18cm×26cm

用具　クロバー８号レース針

でき上がり寸法　34.5cm×42.5cm、エジング幅10.5cm

1段～14段の編み方

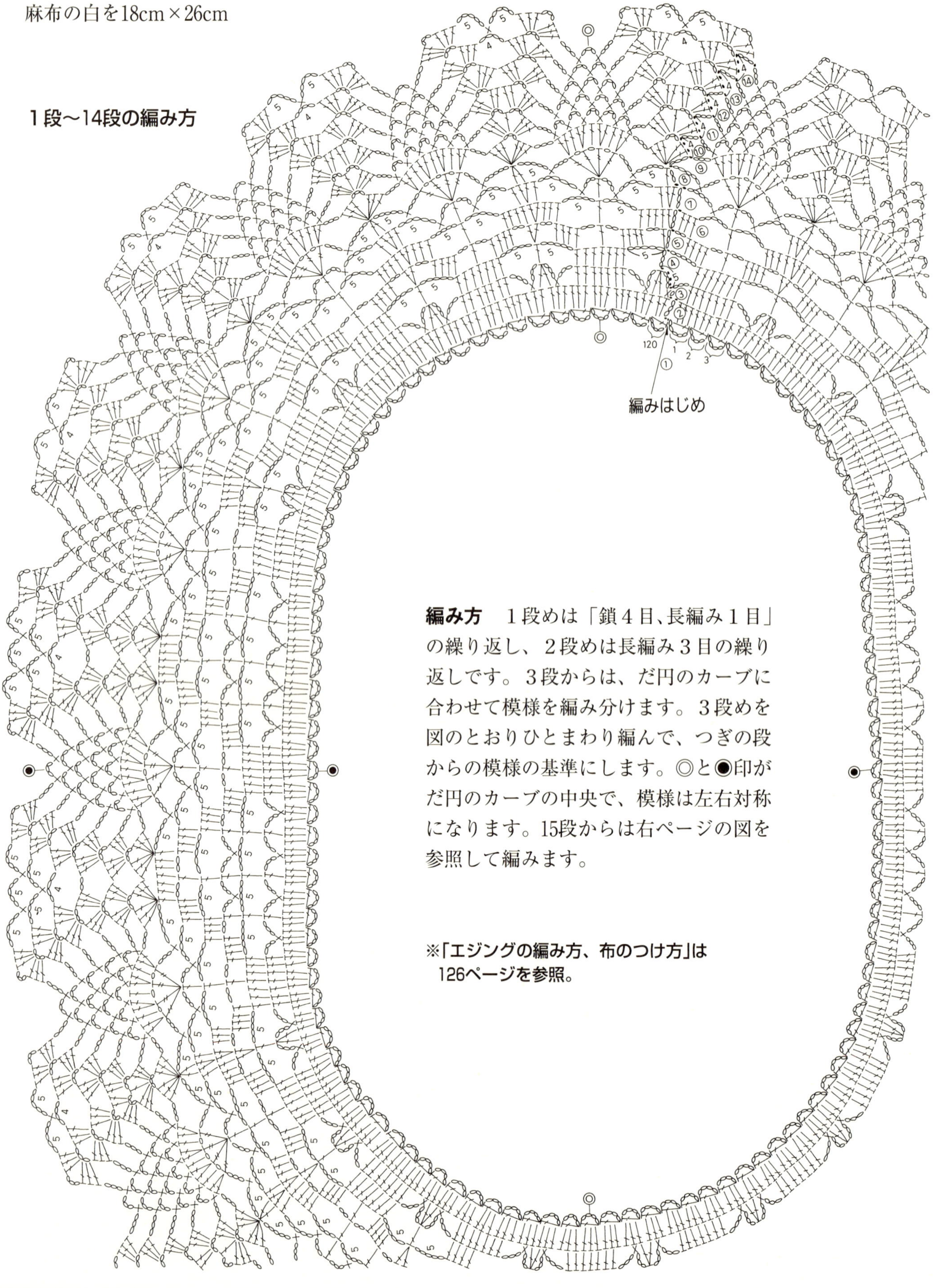

編み方　１段めは「鎖４目、長編み１目」の繰り返し、２段めは長編み３目の繰り返しです。３段からは、だ円のカーブに合わせて模様を編み分けます。３段めを図のとおりひとまわり編んで、つぎの段からの模様の基準にします。◎と◉印がだ円のカーブの中央で、模様は左右対称になります。15段からは右ページの図を参照して編みます。

※「エジングの編み方、布のつけ方」は126ページを参照。

15段～18段の編み方

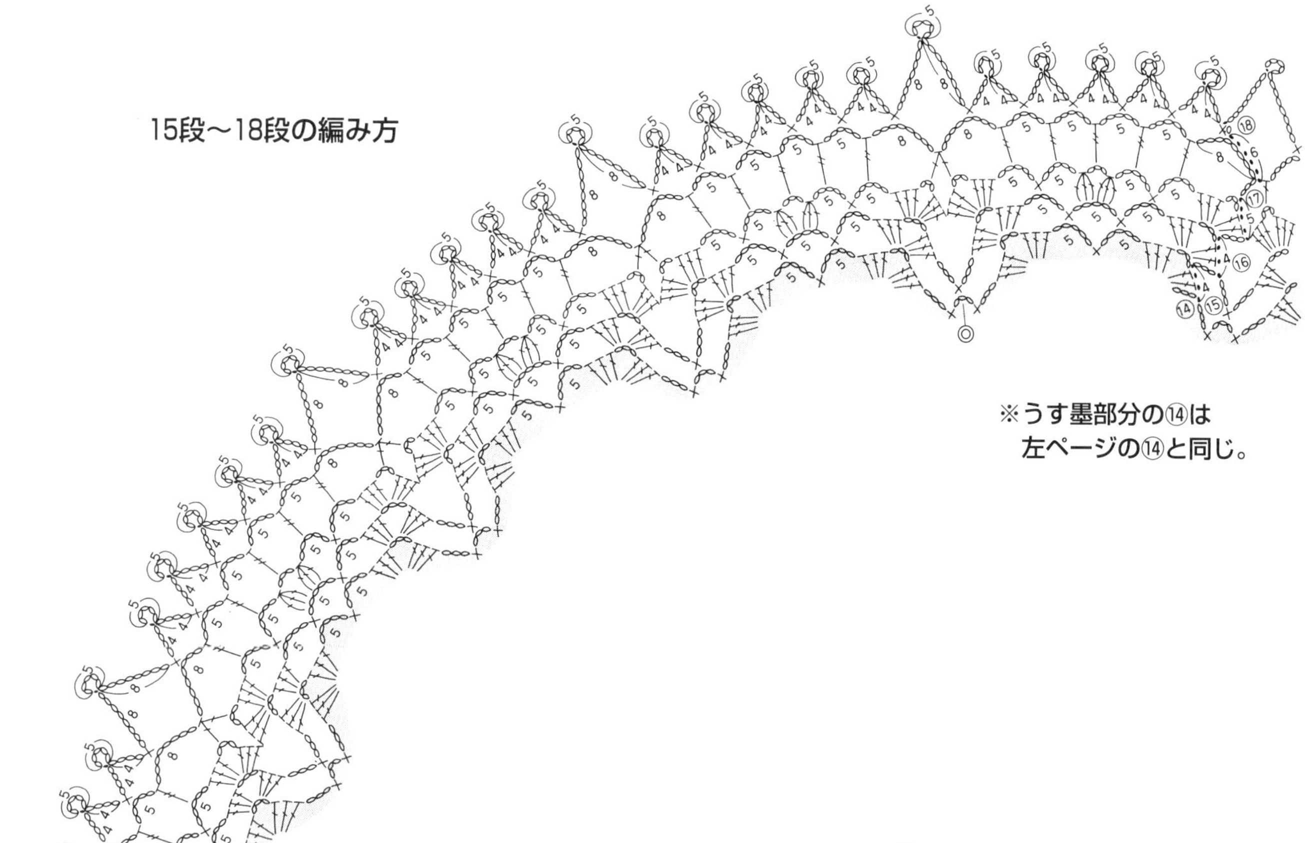
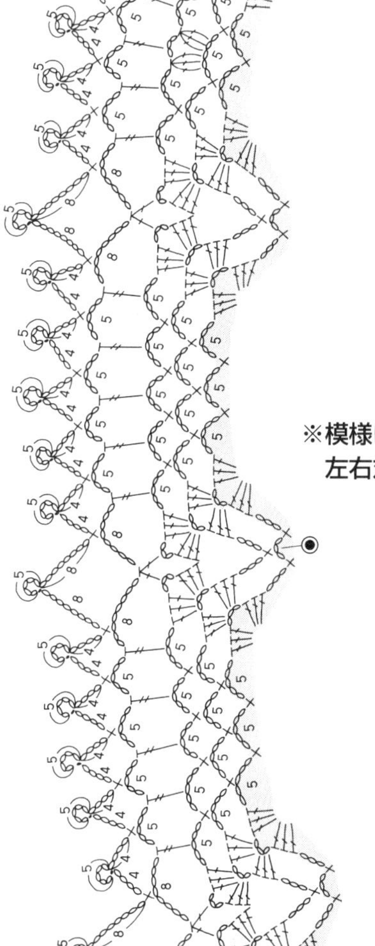

※うす墨部分の⑭は
左ページの⑭と同じ。

※模様は◎と◉印のところで
左右対称になる。

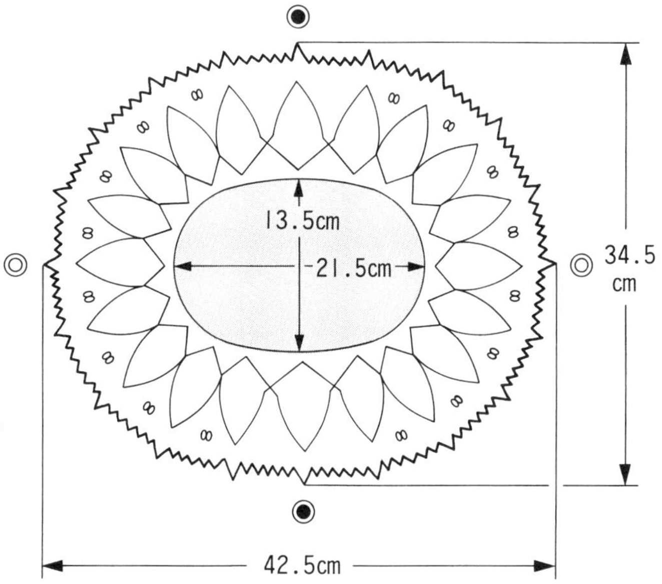

32ページの作品

31 ドイリー

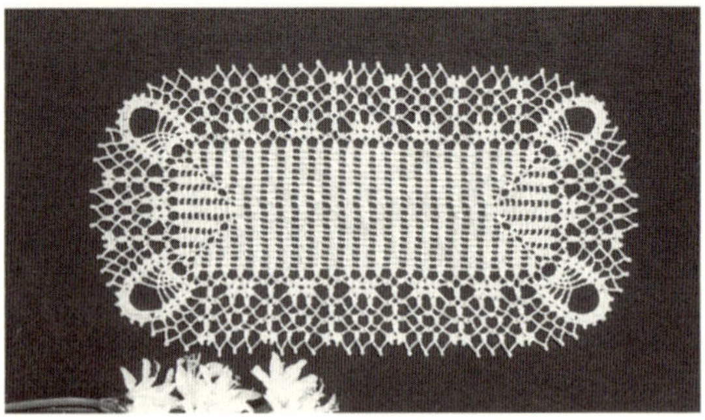

材料　オリムパスレース糸金票40番の白を20g

用具　クロバー８号レース針

でき上がり寸法　20.5cm×39.5cm

編み方　作り目と１段めは下図と右ページを参照し、17段までは右ページを参照して編みます。

作り目と１段めの編み方

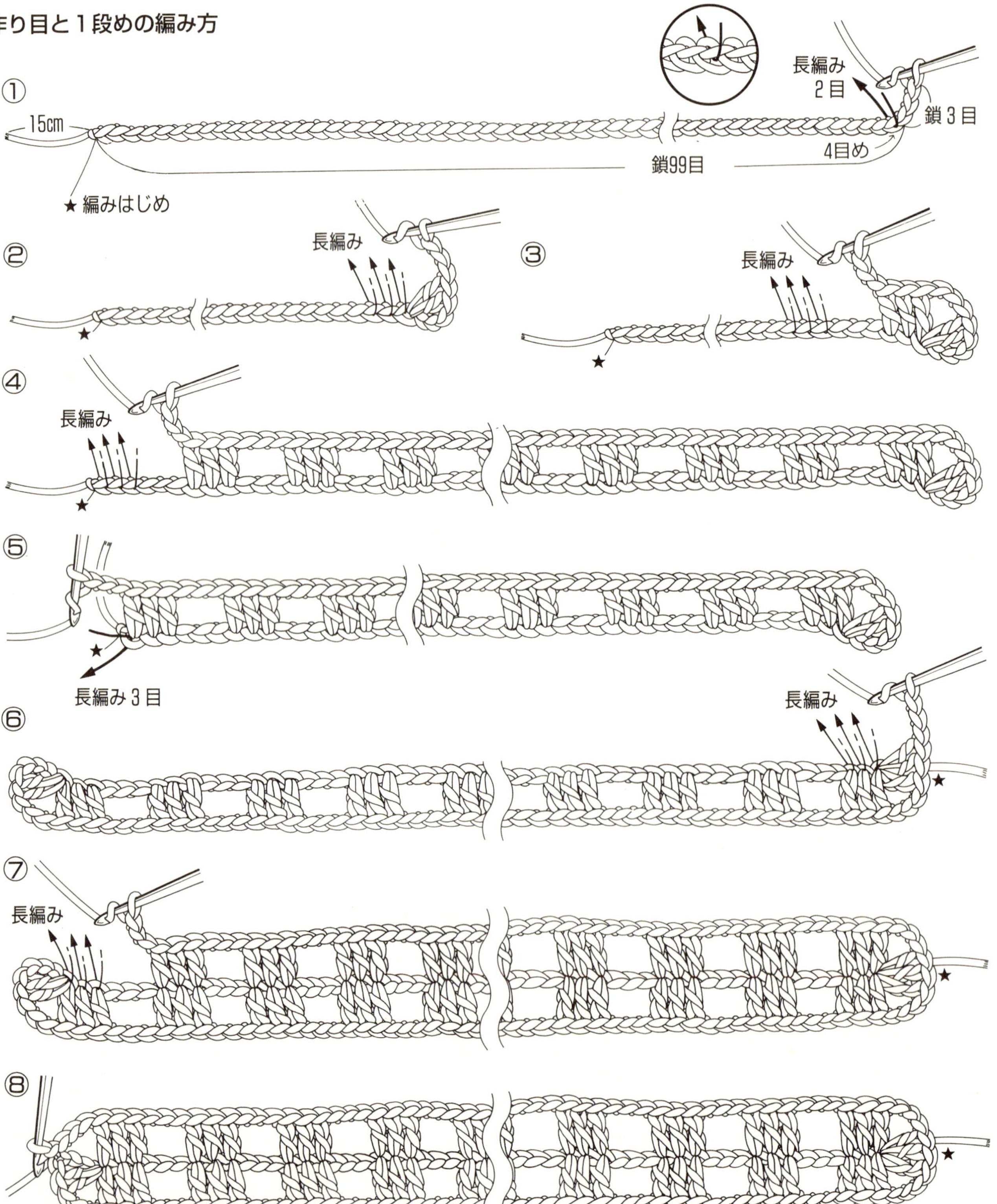

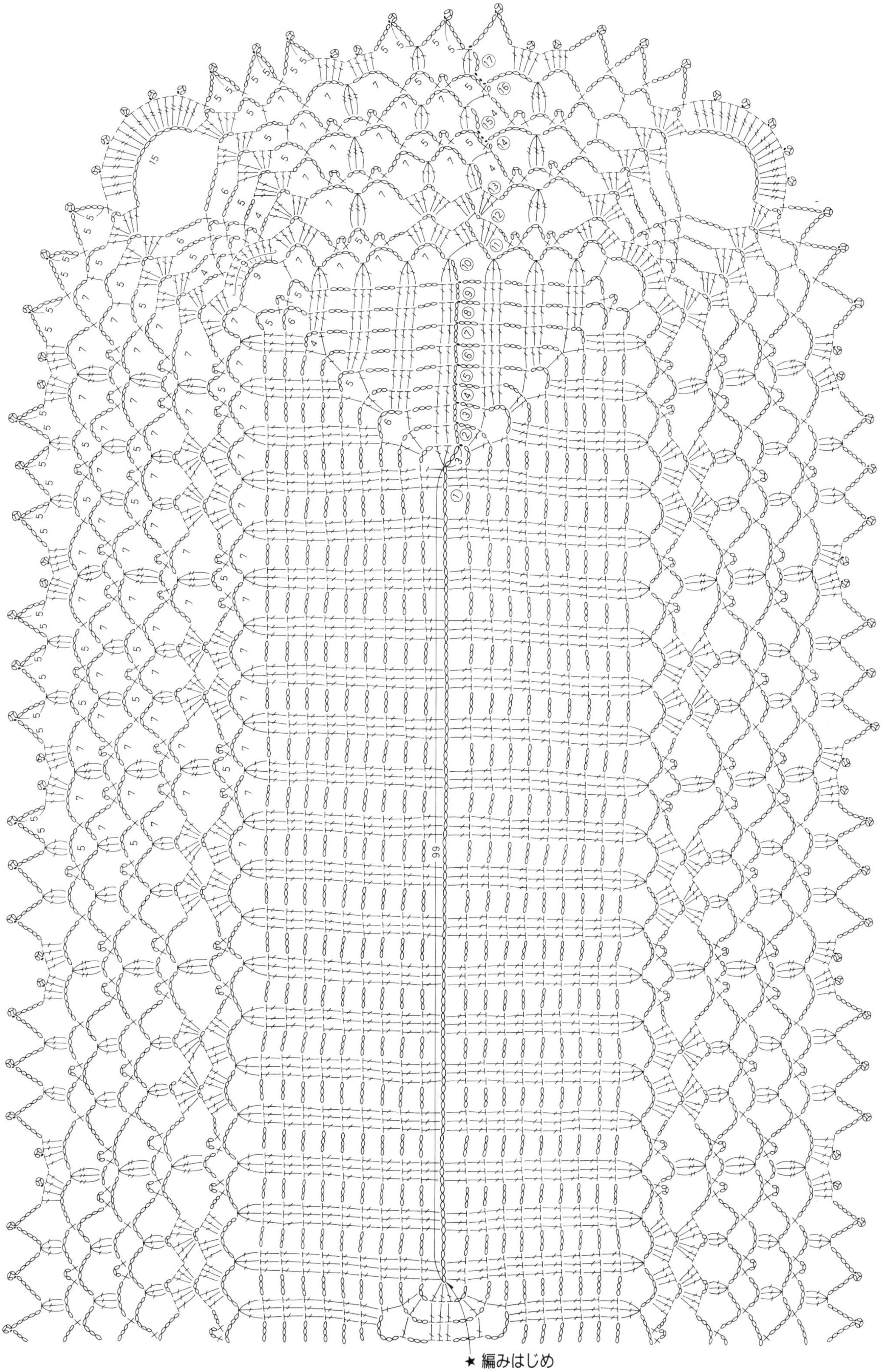

★ 編みはじめ

33ページの作品

33 テーブルセンター

材料　オリムパスレース糸金票40番の白を49g、麻布の白を33cm×33cm

用具　クロバー８号レース針

でき上がり寸法　50cm×50cm、エジング幅10.5cm

編み方　下図と右ページの図を参照。１段めは「鎖４目、長編み１目」を繰り返しますが、かどの位置に鎖１目を編み、２段めで、この鎖１目に長編み６目を編み込んで、図のようにかどを作ります。

１・２段めの編み方

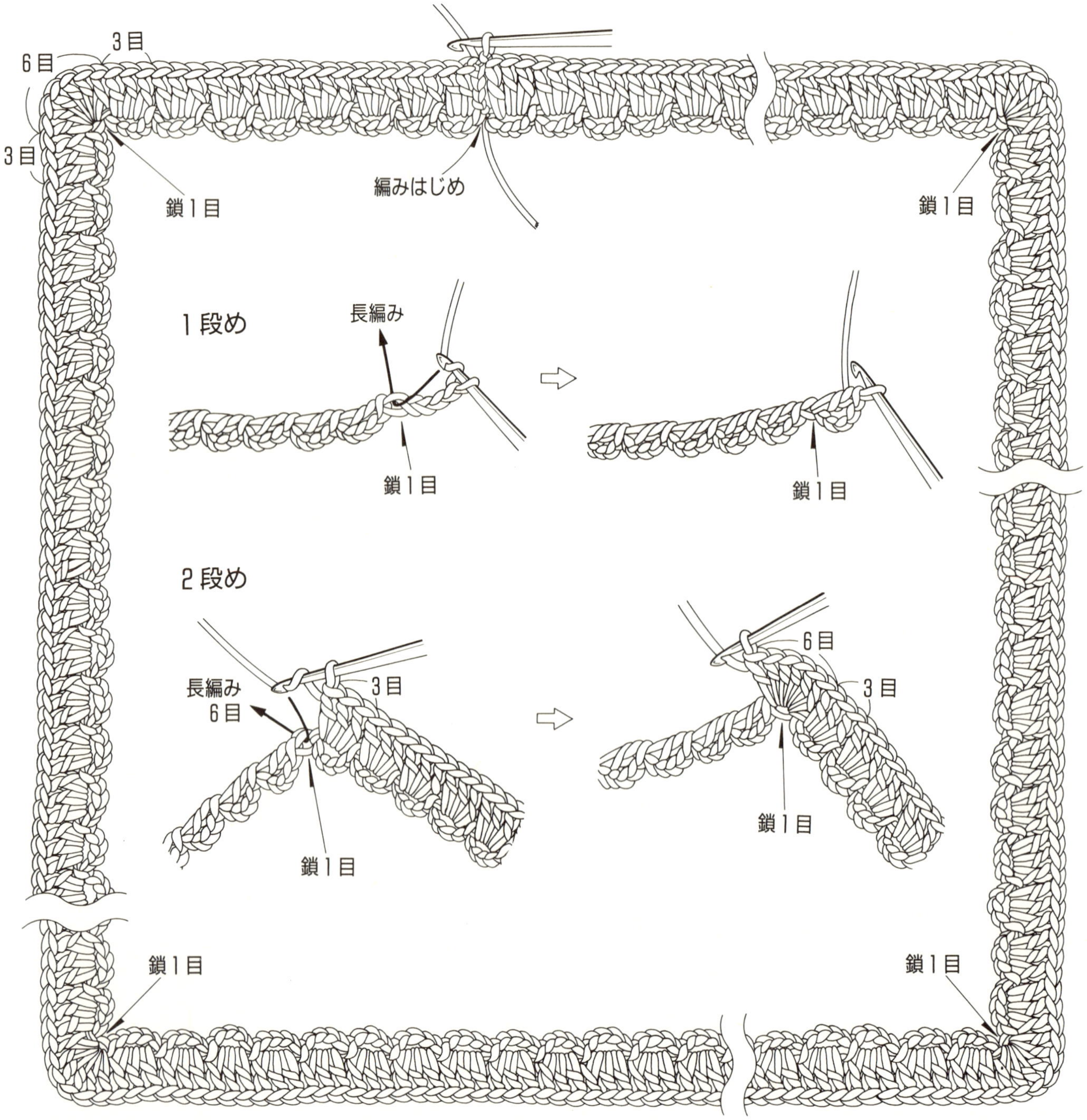

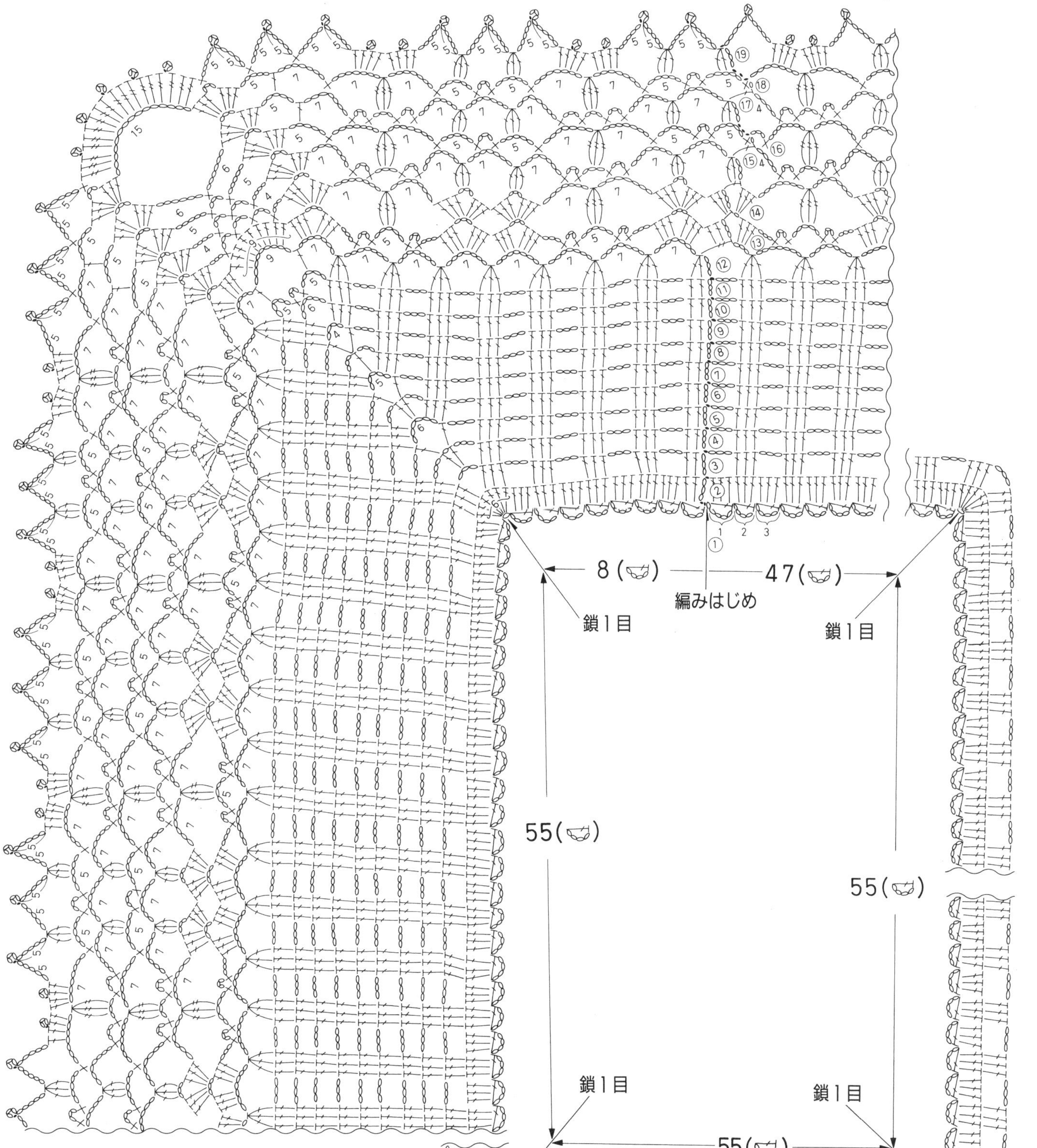

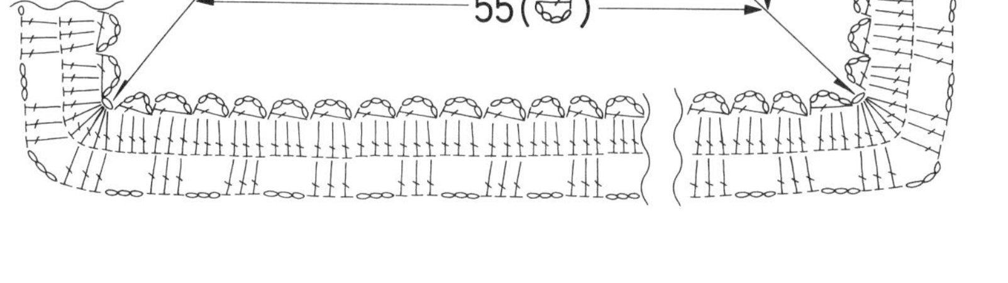

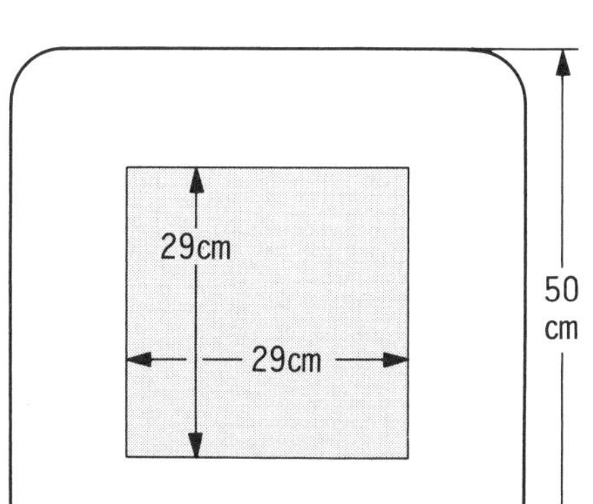

※「エジングの編み方、布のつけ方」は126ページを参照。

39ページの作品

41 ドイリー

材料　オリムパスレース糸金票40番の白を８g

用具　クロバー８号レース針

でき上がり寸法　直径16.5cm

編み方　下図を参照して編みます。

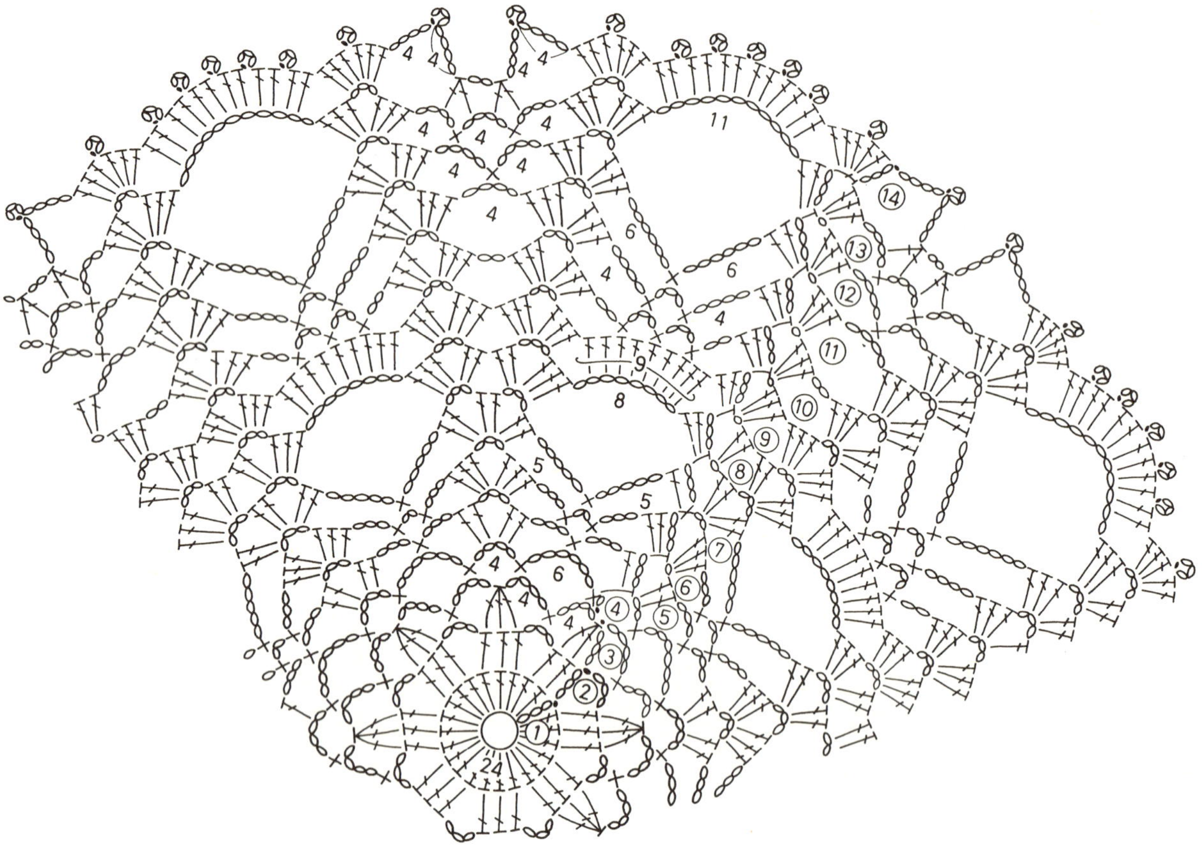

12ページの作品

7 ドイリー

材料　オリムパスレース糸金票40番の白を23g

用具　クロバー８号レース針

でき上がり寸法　直径38cm

編み方　右ページ図参照。糸の輪を作り、１段めは鎖３目で立ち上がり、長編みを23目編んで、立ち上がりの鎖３目めに引き抜きます。２段から26段まで図のように編みます。

44ページの作品

49 ドイリー

材料　オリムパスレース糸金票40番の白を６g
用具　クロバー８号レース針
でき上がり寸法　直径15.5cm
編み方　糸の輪を作り、１段めは鎖３目で立ち上がり、長編みを23目編んで、立ち上がりの鎖３目めに引き抜きます。２段から12段は下図を参照して編みます。

44ページの作品

50 ドイリー

材料　オリムパスレース糸金票40番の白を18g
用具　クロバー８号レース針
でき上がり寸法　28.5cm×29cm
編み方　モチーフの１枚めは、糸の輪を作り、１段めは鎖３目で立ち上がり、長編みを23目編んで、立ち上がりの鎖３目に引き抜きます。２段から12段まで図のように編みます。２枚めのモチーフからは、122ページのモチーフのつなぎ方を参照して、12段めのピコットでつなぎます。

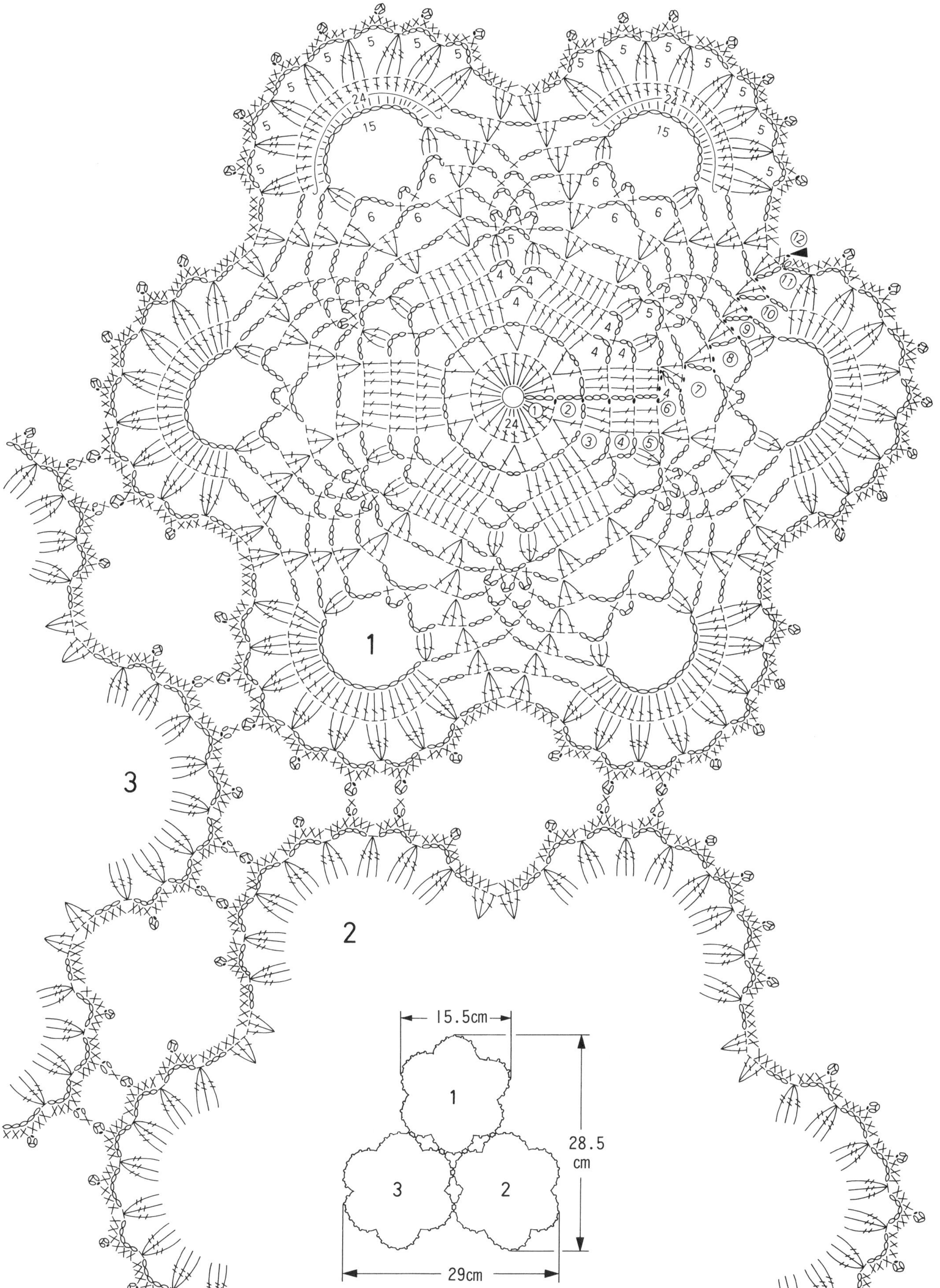

◄＝糸を切る

123ページの「糸を切る」
「糸端の始末」を参照。

※モチーフのつなぎ方は122ページの
「ピコットにこま編みでつなぐ」を参照。

40ページの作品

43 テーブルクロス

材料　オリムパスレース糸金票40番の白を255g
用具　クロバー８号レース針
でき上がり寸法　直径129.5cm
編み方　モチーフは糸の輪を作り、１段めは鎖３目で立ち上がり、長編みを23目編んで、立ち上がりの鎖３目めに引き抜きます。２段から14段まで図のように編みます。
でき上がりは、三角形のモチーフをつないだように見えますが、模様が３つある六角形のモチーフを、模様を同じ方向に並べてつないであります。
モチーフをつないでから**a**を編みます。**a**の糸のつけ方は、123ページの基礎を参照。**a**の編みはじめの糸と編みおわりの糸は、123ページの糸の結び方を参照し、しっかり結んで糸端を始末します。
縁編みは糸をつけて、１段から９段は104ページ、10段から18段は105ページの図を参照して編みます。

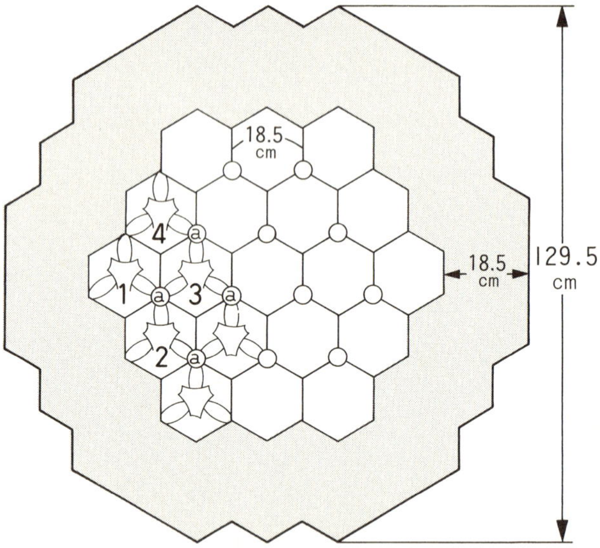

※モチーフのつなぎ方は122ページを参照。

編み目記号と編み方

鎖３目の引き抜きピコット①は122ページ

こま編み２目一度

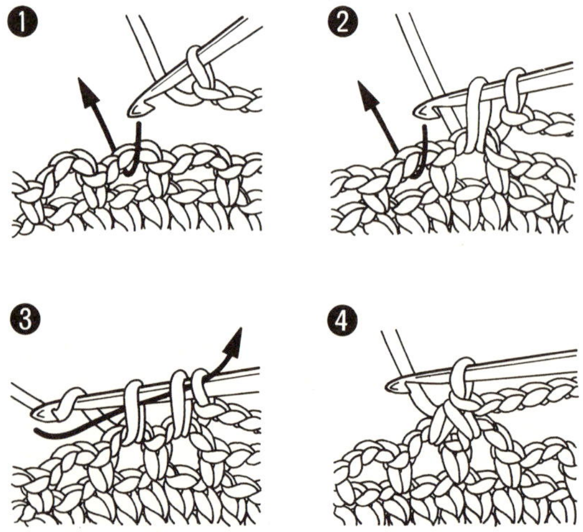

鎖３目の引き抜きピコット②

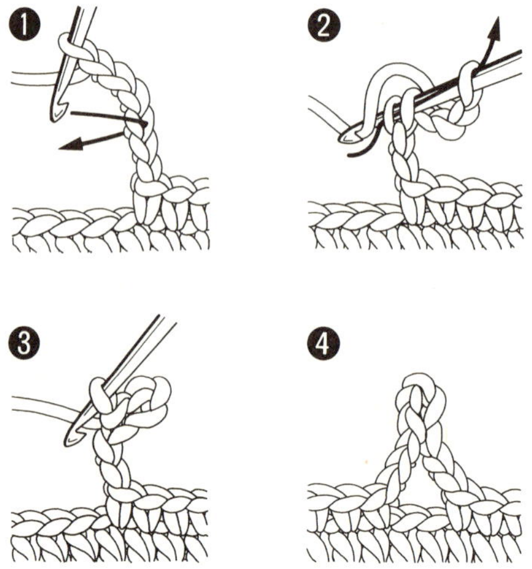

モチーフの編み方とつなぎ方

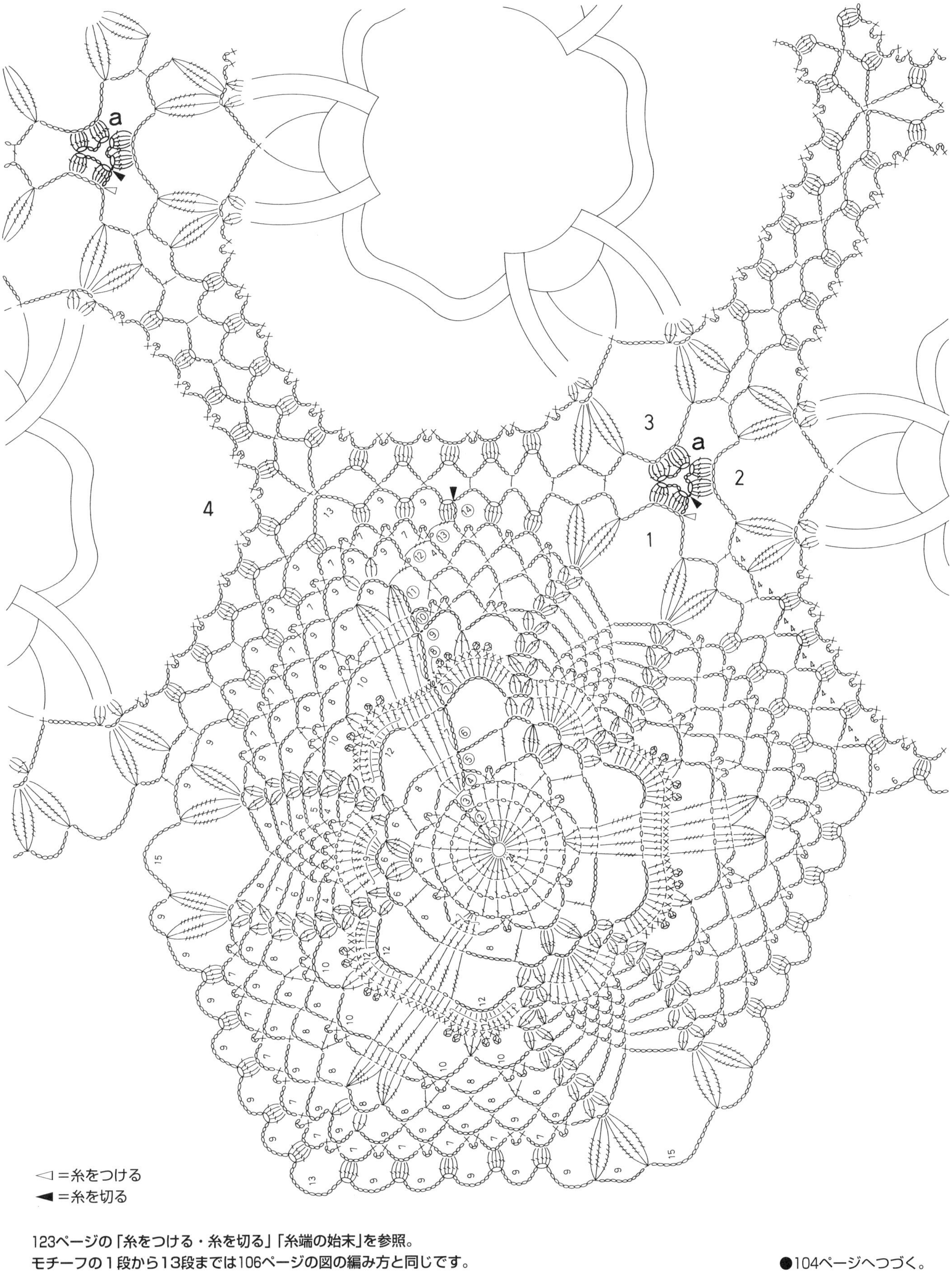

◁＝糸をつける
◀＝糸を切る

123ページの「糸をつける・糸を切る」「糸端の始末」を参照。
モチーフの１段から13段までは106ページの図の編み方と同じです。

●104ページへつづく。

●103ページからつづく。

縁編み１段～９段の編み方

※うす墨部分はモチーフの14段と同じ。
縁を①から編む。

◁＝糸をつける

123ページの「糸をつける」を参照。

縁編み10段～18段の編み方

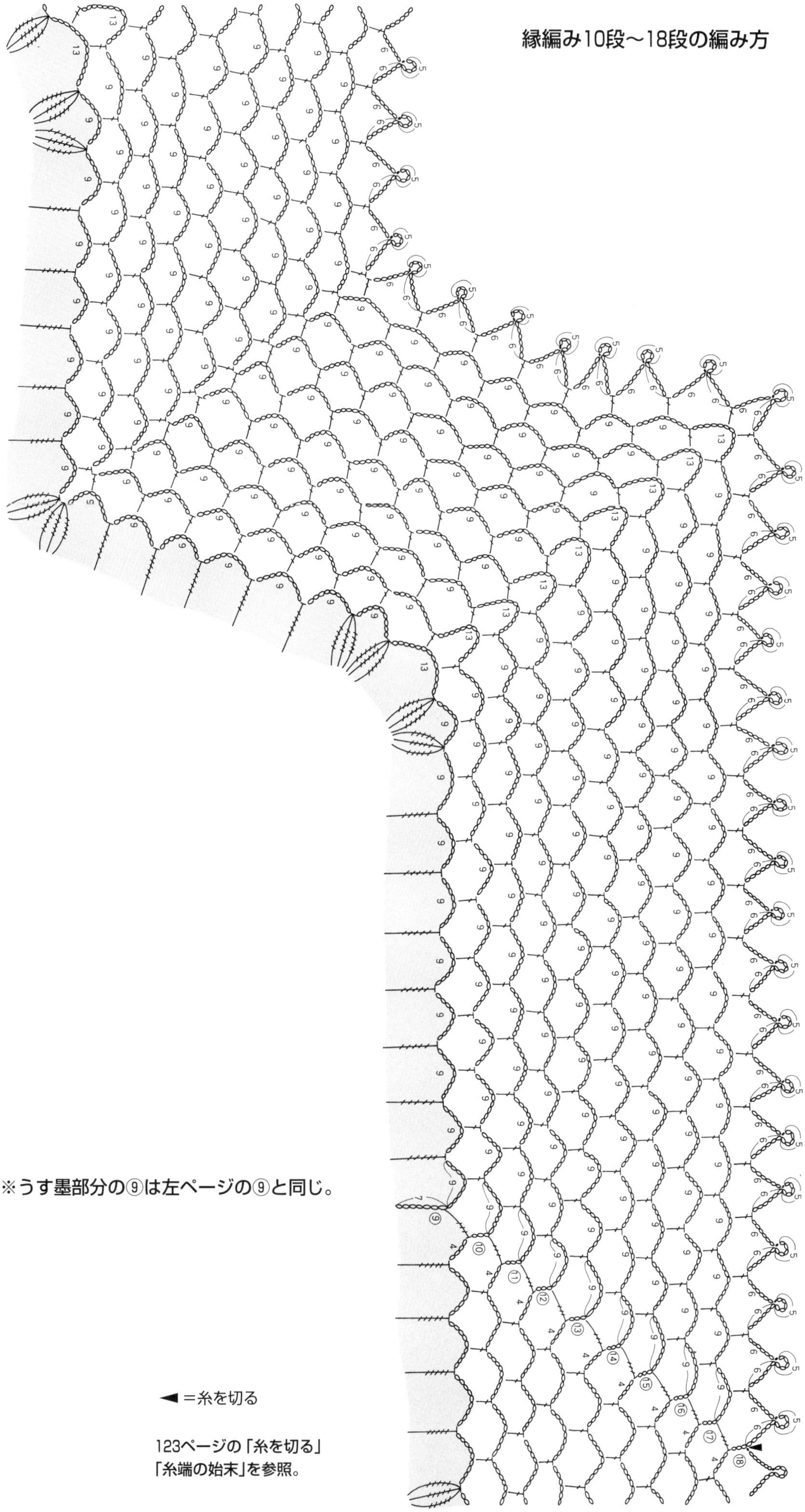

※うす墨部分の⑨は左ページの⑨と同じ。

◀＝糸を切る

123ページの「糸を切る」
「糸端の始末」を参照。

41ページの作品

44 テーブルクロス

材料　オリムパスレース糸金票40番の白を205g
用具　クロバー８号レース針
でき上がり寸法　直径126cm
編み方　モチーフは、下図のように１段から14段を編み、107ページを参照して15段から21段を編んで、糸を切ります。２枚めのモチーフからはこま編みでつなぎます。縁編みは、108ページの図を参照して糸をつけ、１段から11段を編みます。

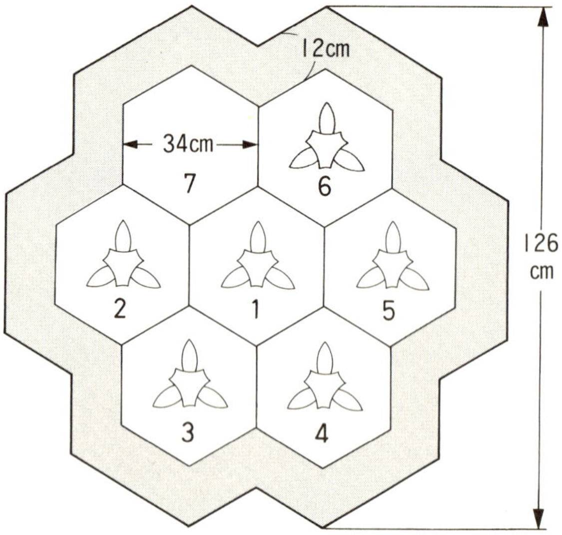

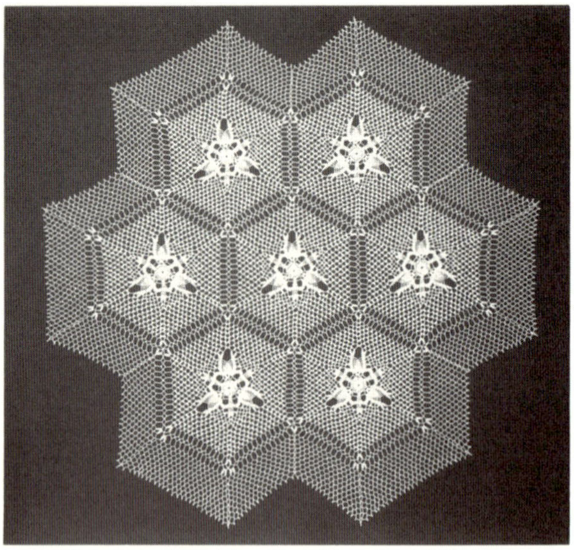

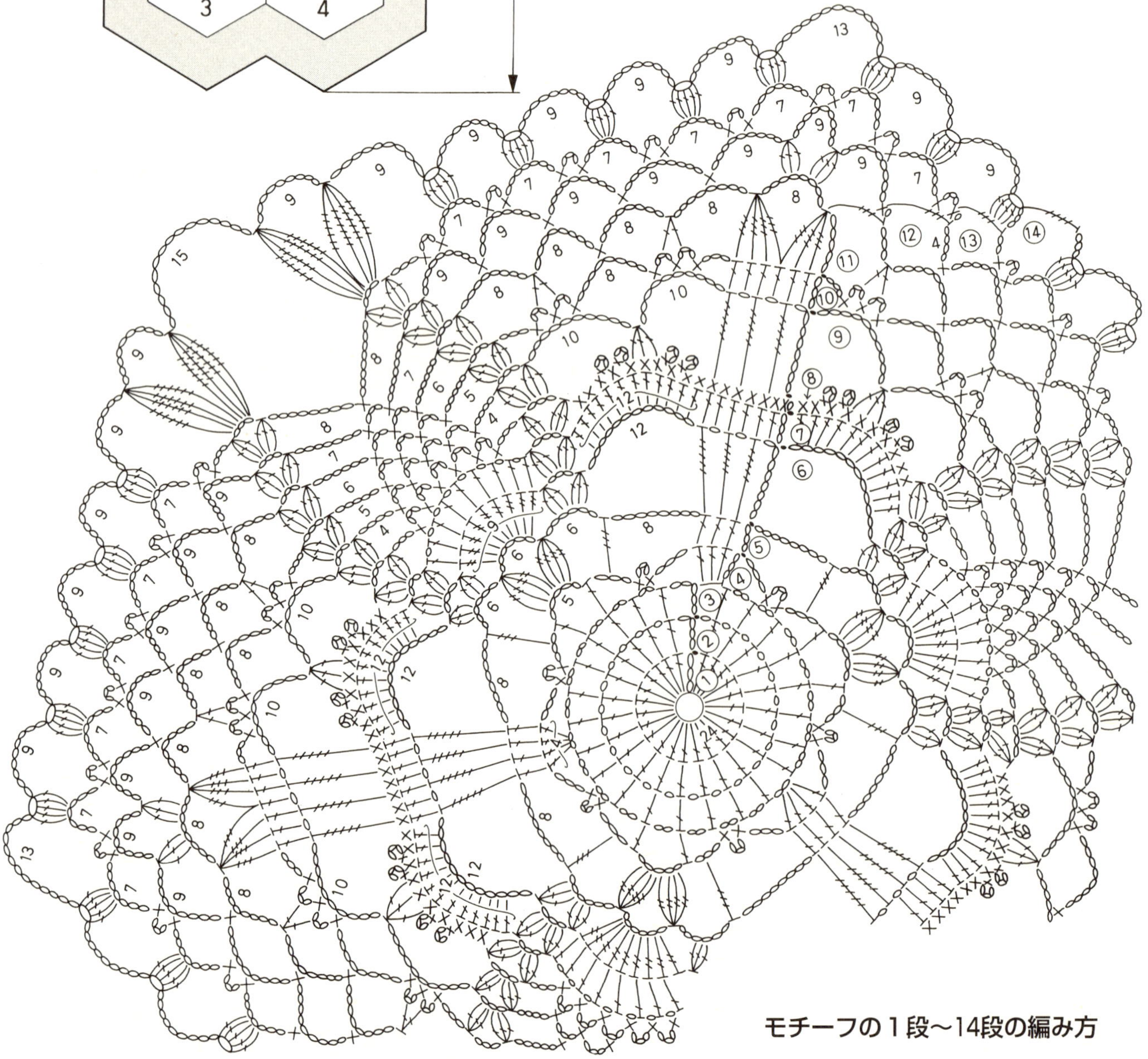

モチーフの１段〜14段の編み方

◀＝糸を切る

123ページの「糸を切る」
「糸端の始末」を参照。

※うす墨部分の①から⑭は106ページと同じ。
次の段の⑮から編みつづける。

※モチーフのつなぎ方は122ページの
「こま編みでつなぐ」を参照。

モチーフの15段〜21段の編み方とつなぎ方

●108ページへつづく。

●107ページからつづく。

縁編み１段〜11段の編み方

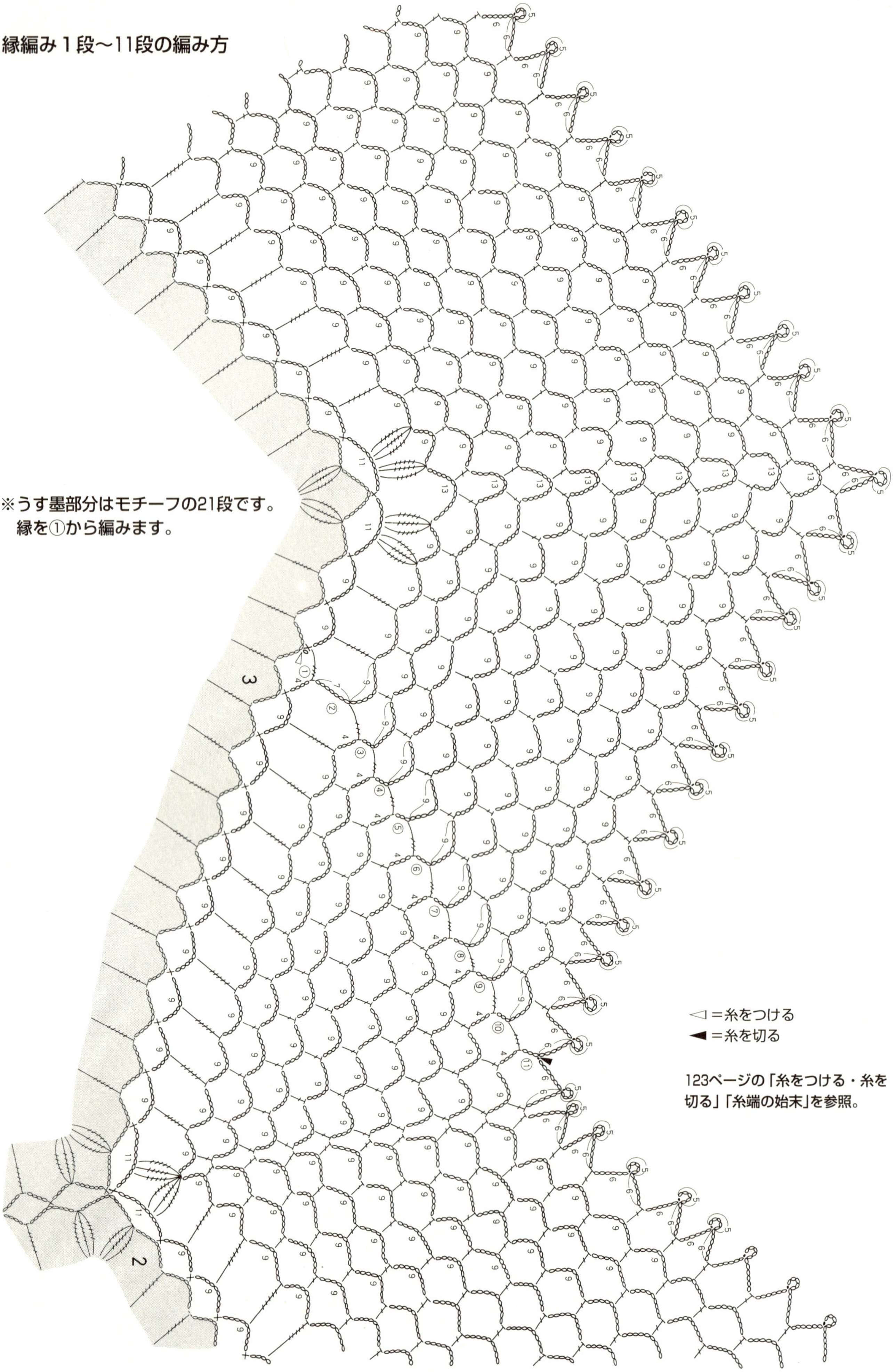

※うす墨部分はモチーフの21段です。
縁を①から編みます。

◁＝糸をつける
◀＝糸を切る

123ページの「糸をつける・糸を切る」「糸端の始末」を参照。

39ページの作品

42 ドイリー

材料　オリムパスレース糸金票40番の白を８g
用具　クロバー８号レース針
でき上がり寸法　直径20cm

編み方　糸の輪を作り、１段めは鎖３目で立ち上がり、長編みを23目編んで、立ち上がりの鎖３目めに引き抜きます。２段から17段は下図を参照して編みます。

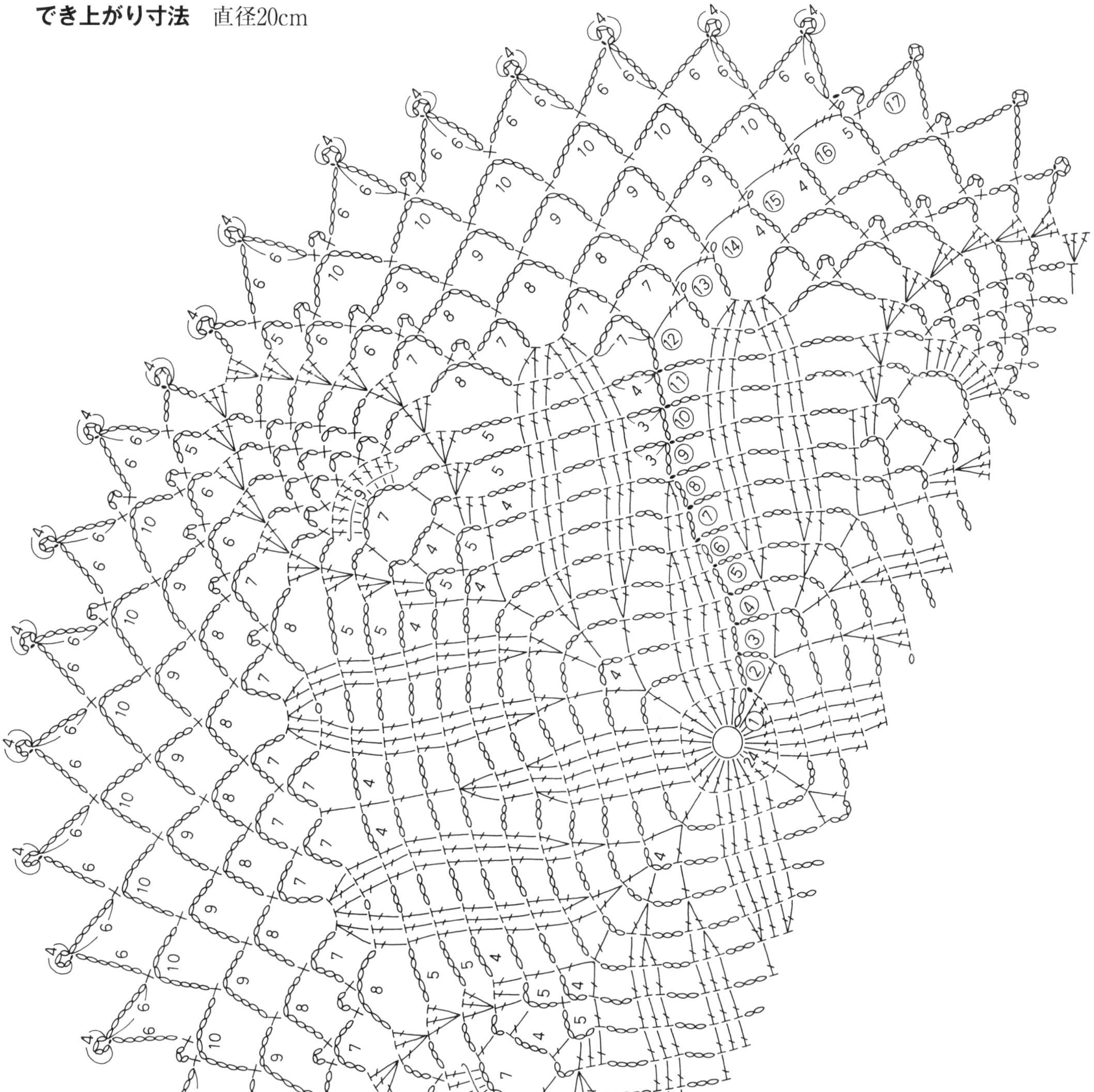

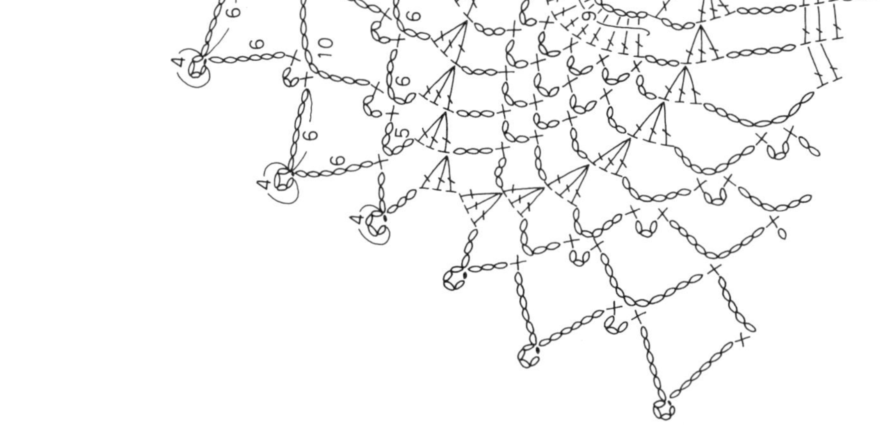

42ページの作品

46 ドイリー

材料　オリムパスレース糸金票40番の白を16g
用具　クロバー８号レース針
でき上がり寸法　26.5cm×26.5cm
編み方　119ページの「鎖の輪を作る」を参照して、鎖15目の輪を作り、１段めは鎖１目で立ち上がり、こま編み24目を編んで、こま編み１目めに引き抜きます。15段めの八つ巻き長編み３目一度は下図参照。

八つ巻き長編み３目一度

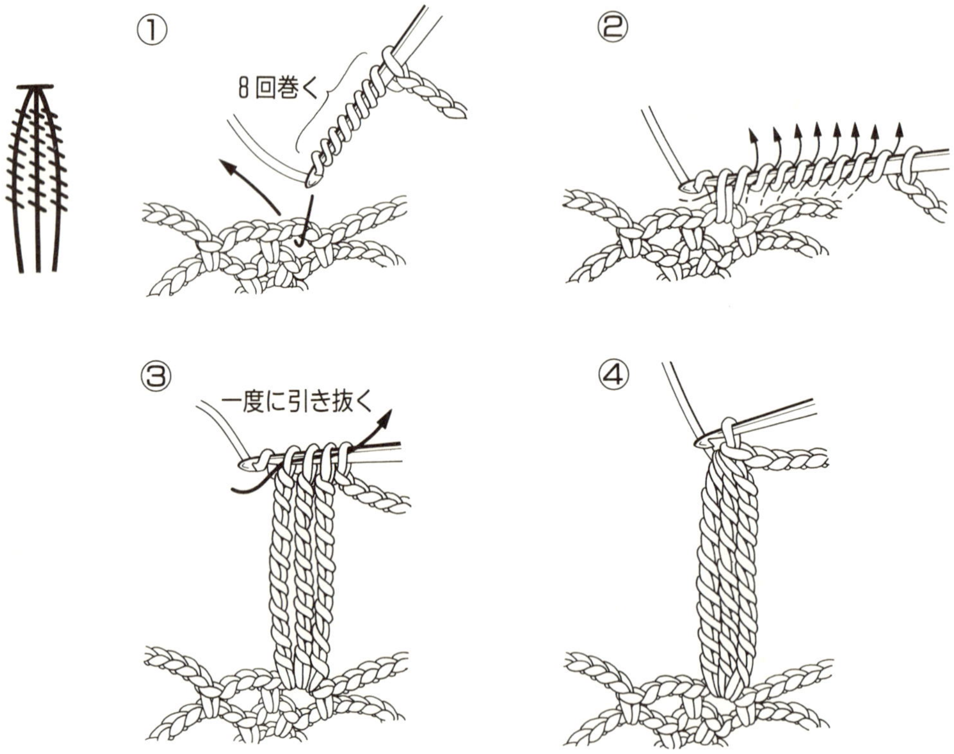

糸を結ぶ（はた結び）

糸と糸を結んでから編む場合はこのように結ぶ。糸端は15㎝くらい残すと糸端の始末がしやすい。

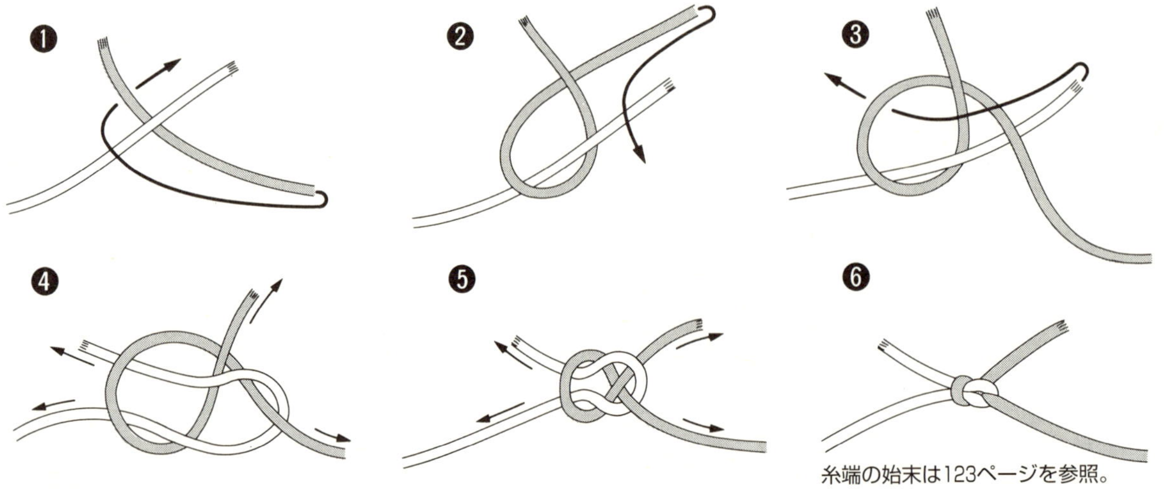

糸端の始末は123ページを参照。

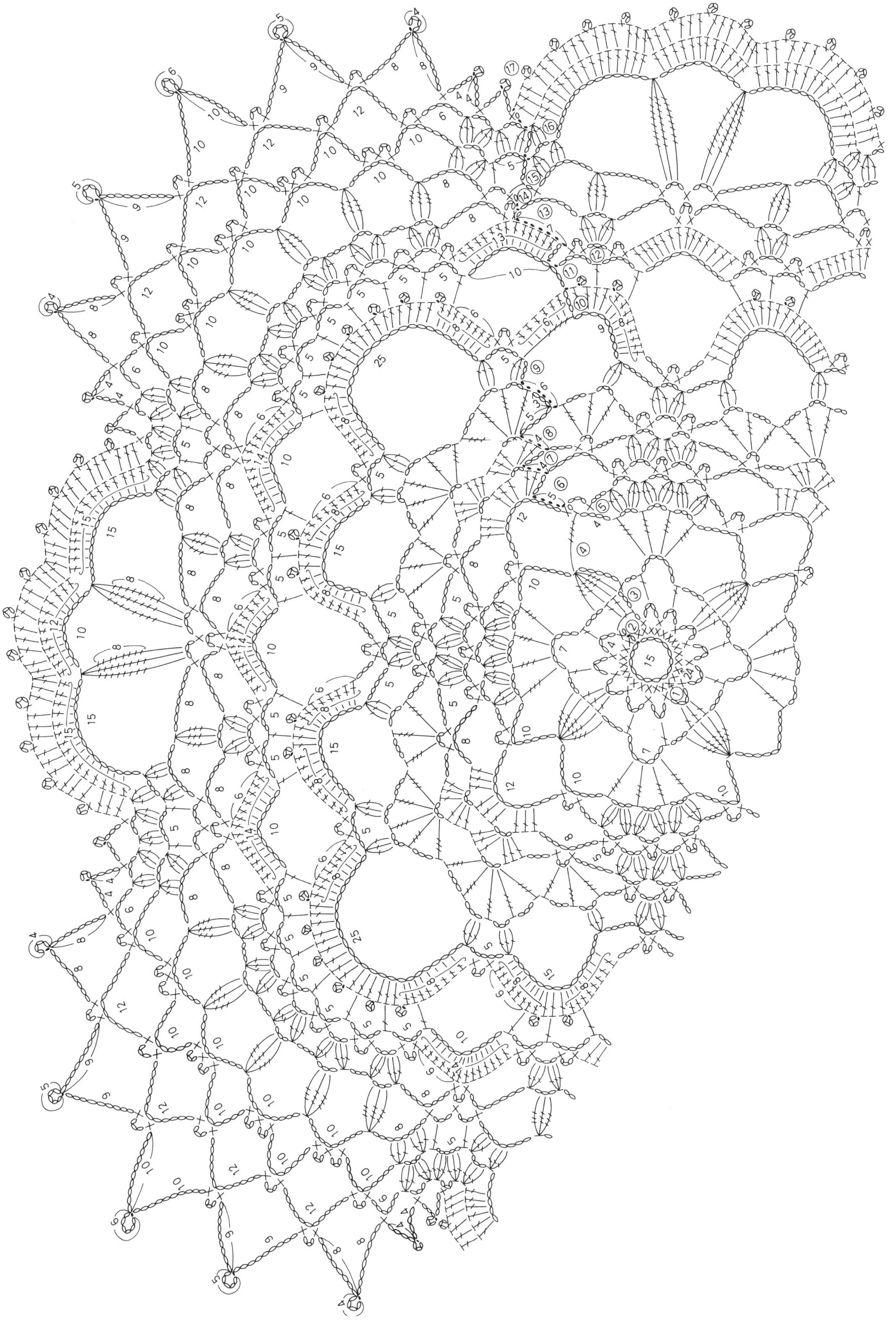

37ページの作品

37 ドイリー

材料　オリムパスレース糸金票40番の白を９g
用具　クロバー８号レース針
でき上がり寸法　直径18.5cm
編み方　下図を参照して編みます。

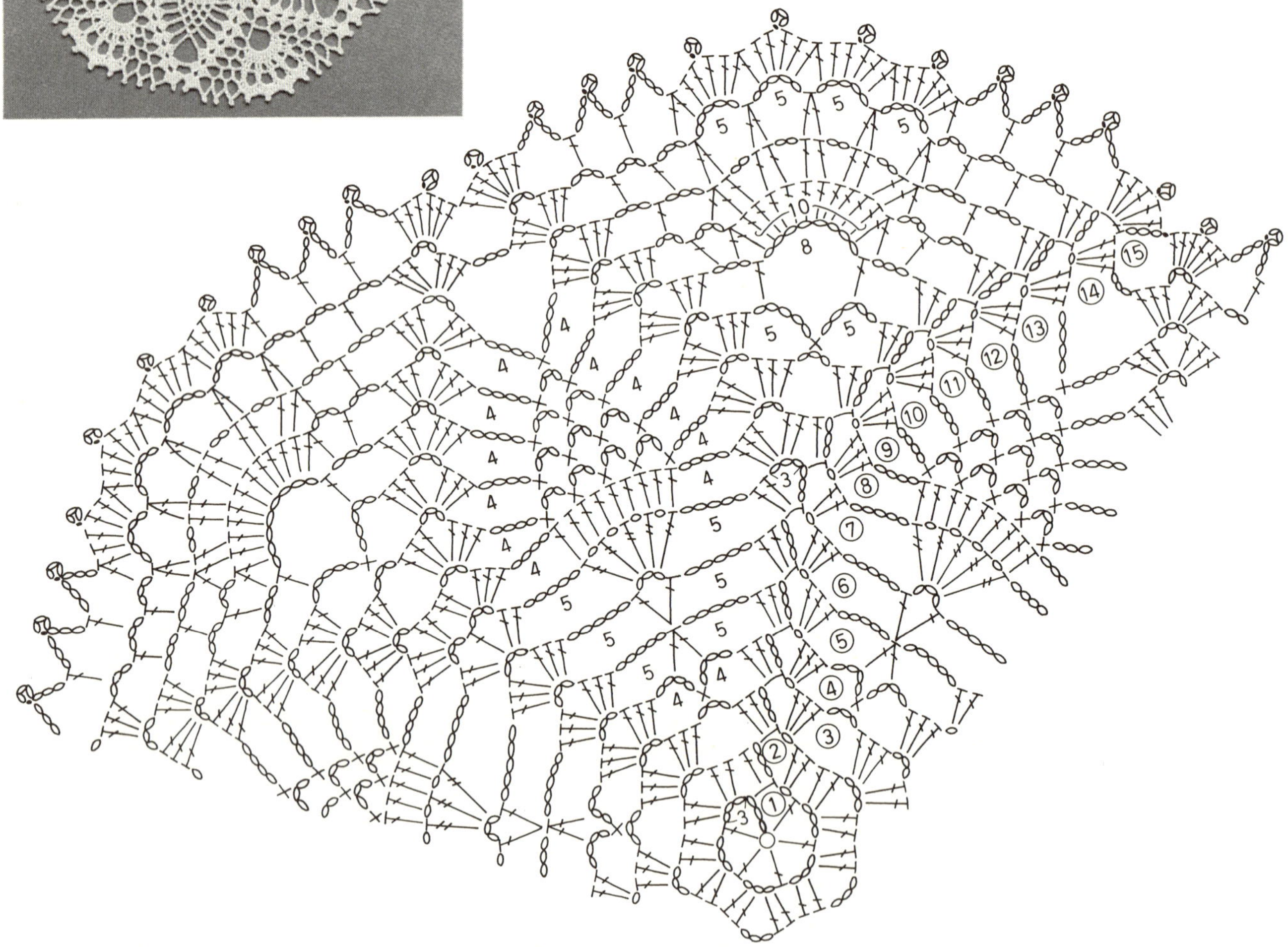

43ページの作品

48 ドイリー

材料　オリムパスレース糸金票40番の白を20g
用具　クロバー８号レース針
でき上がり寸法　28cm×28cm
編み方　モチーフは鎖12目の輪を作り、１段めはこま編み20目を編みます。２段から、９段まで図のように編んで糸を切ります。モチーフは２枚めから最終段をこま編みでつなぎます。モチーフを４枚つないでから、糸をつけて縁編みを３段編みます。

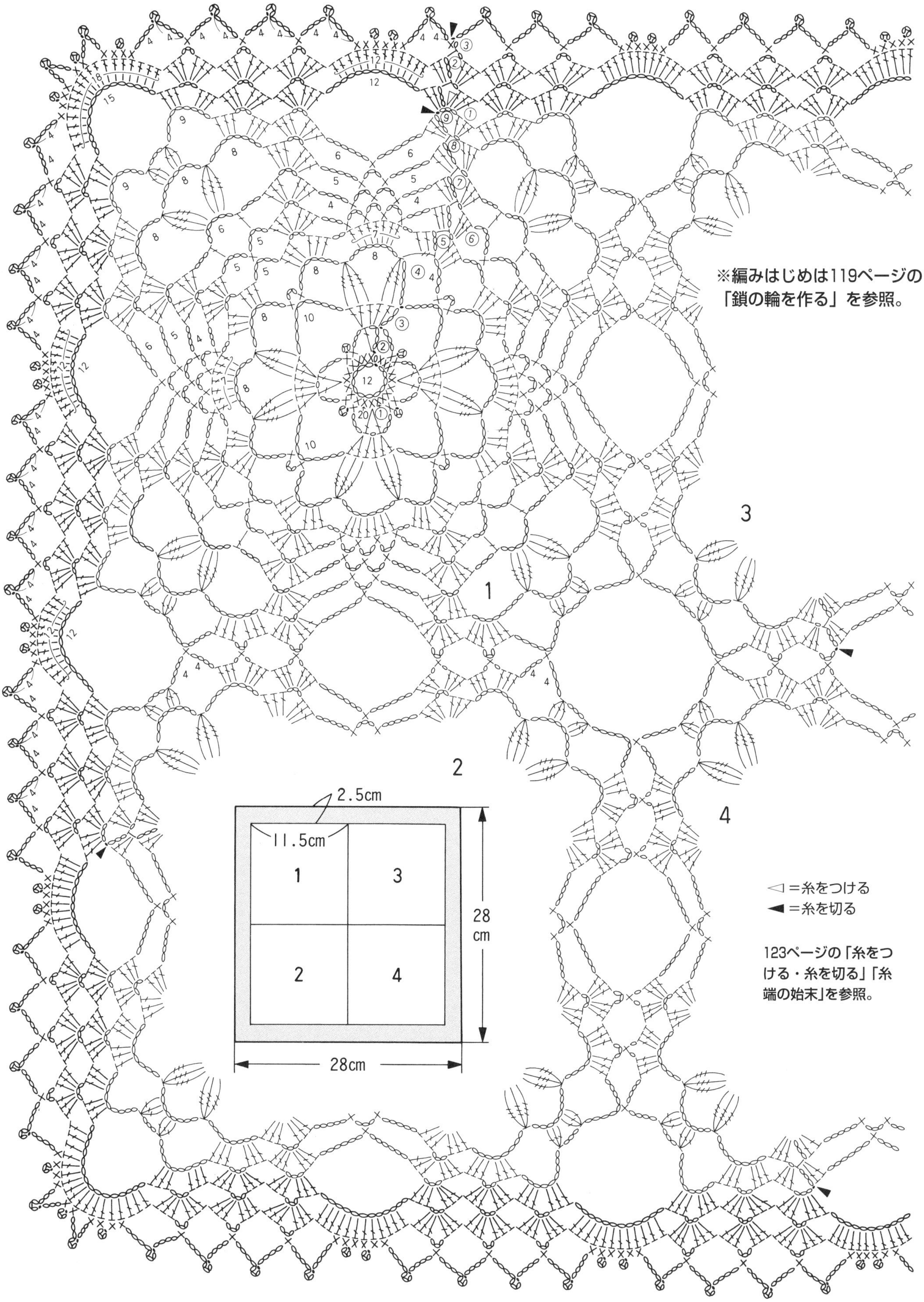

※編みはじめは119ページの「鎖の輪を作る」を参照。

◁＝糸をつける
◀＝糸を切る

123ページの「糸をつける・糸を切る」「糸端の始末」を参照。

※モチーフのつなぎ方は122ページの「こま編みでつなぐ」を参照。

16ページの作品

11 テーブルセンター

材料　オリムパスレース糸金票40番の白を22g
用具　クロバー8号レース針
でき上がり寸法　21cm×60cm

※モチーフのつなぎ方は122ページの「こま編みでつなぐ」を参照。

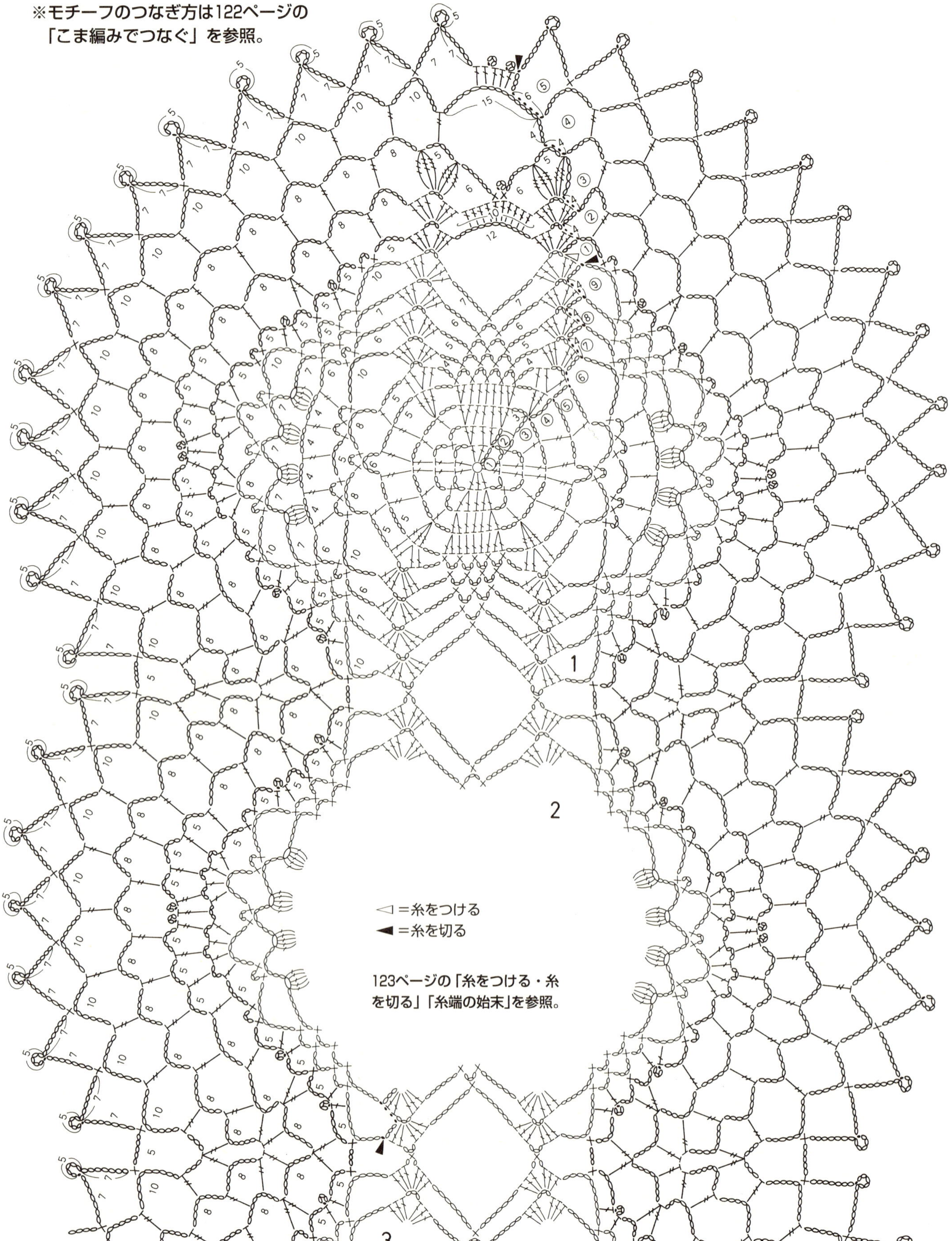

123ページの「糸をつける・糸を切る」「糸端の始末」を参照。

編み方　モチーフは糸の輪を作り、１段めは鎖３目で立ち上がり、長編み２目、鎖３目、長編み２目、鎖３目、長編み３目、鎖３目、長編み２目、鎖３目編み、立ち上がりの鎖３目めに引き抜きます。２段から９段まで図のように編んで糸を切ります。モチーフは２枚めから９段めをこま編みでつなぎます。５枚つないでから糸をつけて、縁編みを５段編みます。

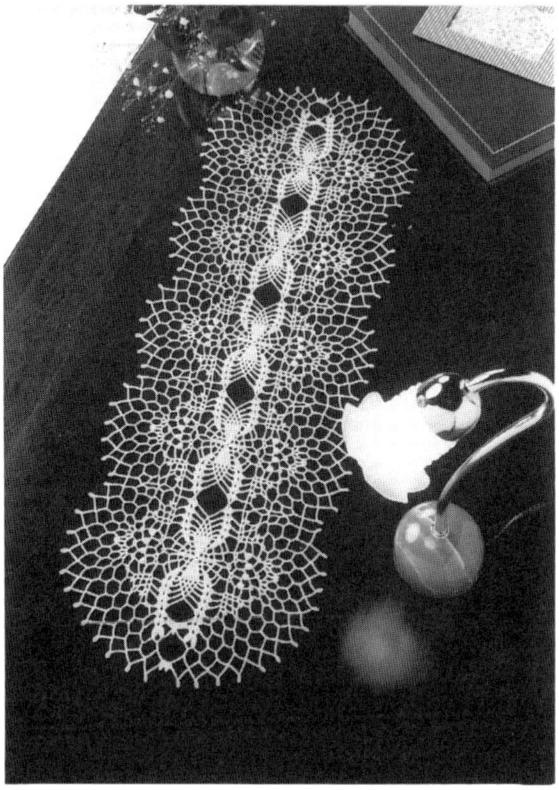

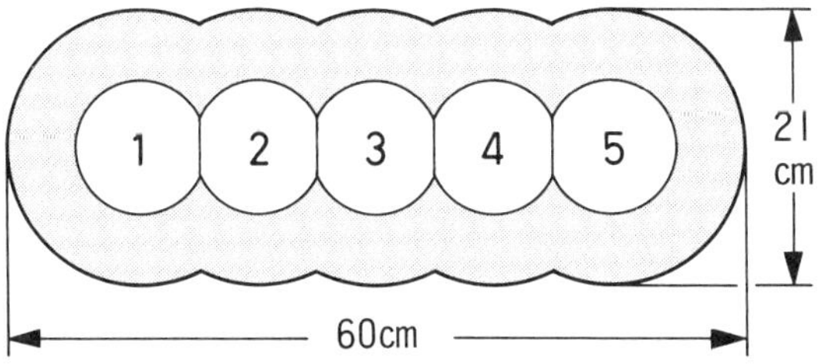

42ページの作品

45 ドイリー

材料　オリムパスレース糸金票40番の白を22g
用具　クロバー８号レース針
でき上がり寸法　30cm×30cm
編み方　編み方の図は116ページにあります。モチーフは、鎖15目で輪を作り、１段めは鎖１目で立ち上がり、こま編み24目を編んで、こま編み１目めに引き抜きます。２段から10段を図のように編んで糸を切ります。２枚めのモチーフからは、10段めを編みながらつなぎます。何枚もつないで、テーブルセンターやテーブルクロスにしてみましょう。

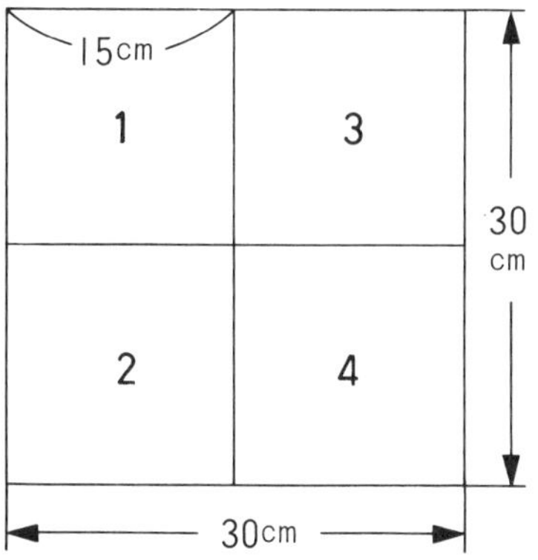

●116ページへつづく。

●115ページからつづく。

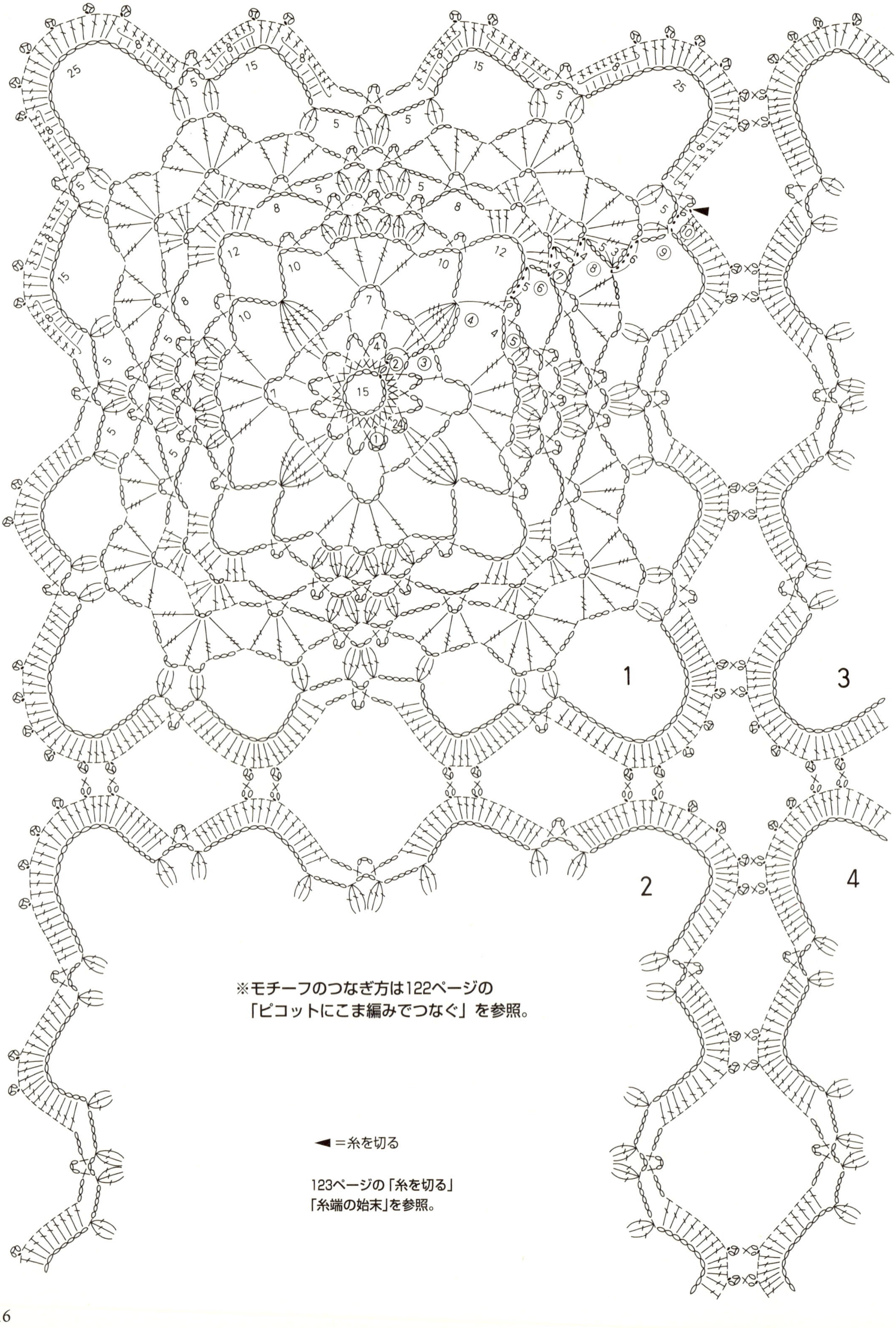

※モチーフのつなぎ方は122ページの
「ピコットにこま編みでつなぐ」を参照。

◀ ＝糸を切る

123ページの「糸を切る」
「糸端の始末」を参照。

レース編みの基礎

指導＆図版作成／河島京子

編み方図について

図の中心部の輪は、編みはじめの輪を糸の輪で作るということです。丸数字の①～⑫は段を示しています。１段めの**24**という数字は長編みを24目編むということですが、立ち上がりの鎖３目を長編み１目と数えますので、１段めでは鎖３目と長編み23目を編みます。３段めの鎖目の下の**4**という数字は鎖の目数を示します。

５段めの終わりから６段めのはじめにかけての**4**という数字は、引き抜き編みを４目編むということです。10段めの長編みの中の数字**24**は、長編みを24目編むということで、前段の鎖15目をすくって編み入れます。最終段の12段めは、ピコットを入れながらこま編みを編んで、最後の引き抜き編みを編み、糸を15cmくらい残して糸を切ります。

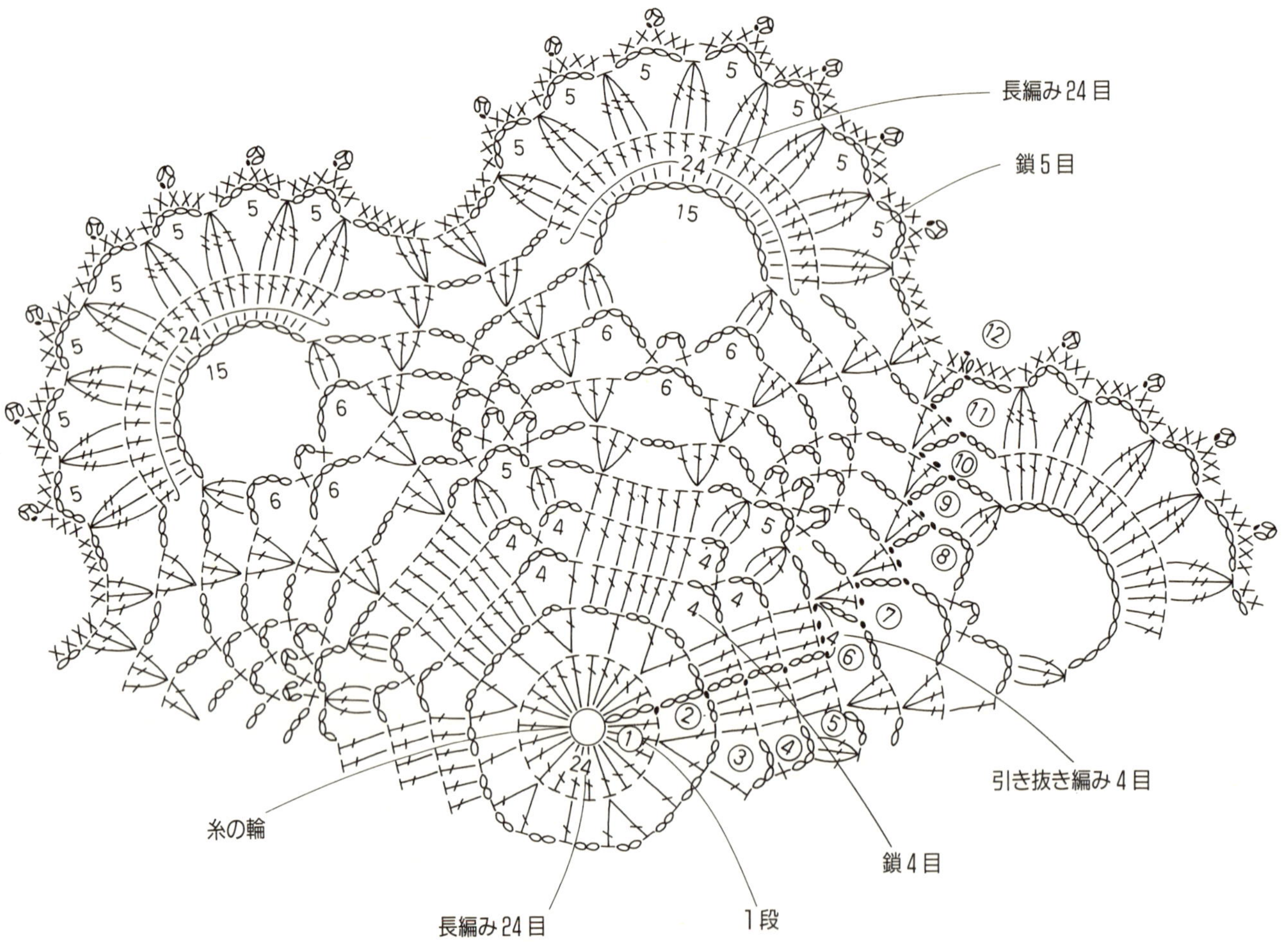

立ち上がり目について

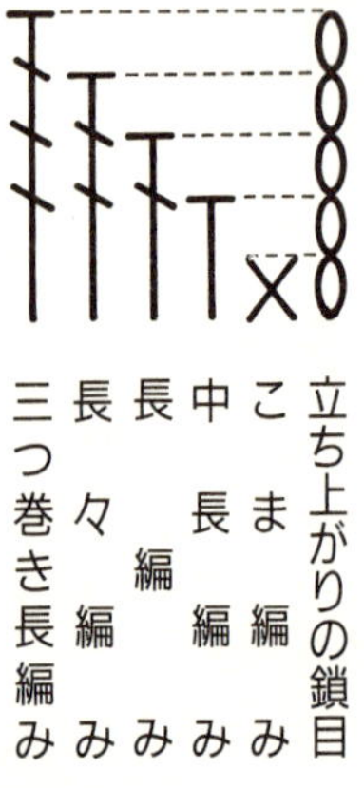

毎段の編みはじめは、それぞれの編み目の高さに鎖目を編んで立ち上がります。

立ち上がりの鎖目は、中長編み、長編み、長々編みなどでは、編み目１目と数えますが、こま編みの場合は、編み目１目と数えません。

仕上げ方・洗い方

編み上がったレースは、糸端を裏側でていねいに始末します。レースの裏を上にして形をきれいに整えながらアイロンをかけます。パプコーン編みの部分は、下にタオルを敷いて、ふくらみをつぶさないようにアイロンをかけます。

汚れてしまった場合は、中性洗剤をぬるま湯に溶かして振り洗いをします。よくすすいで、タオルにくるんで水気をとり、乾かしてアイロンで仕上げをします。

好みによって糊をつけます。

編みはじめの輪の作り方

中心から編みはじめるレースには、糸の輪から編む場合と、鎖の輪から編む場合とがあります。

糸の輪を作る

糸端を15cmくらい残して、２回巻きの糸の輪を作り、立ち上がりの鎖３目(長編み１目と数える)を編み、輪の中に長編み23目を編んで糸を引き締め、立ち上がりの鎖３目めに引き抜きます。

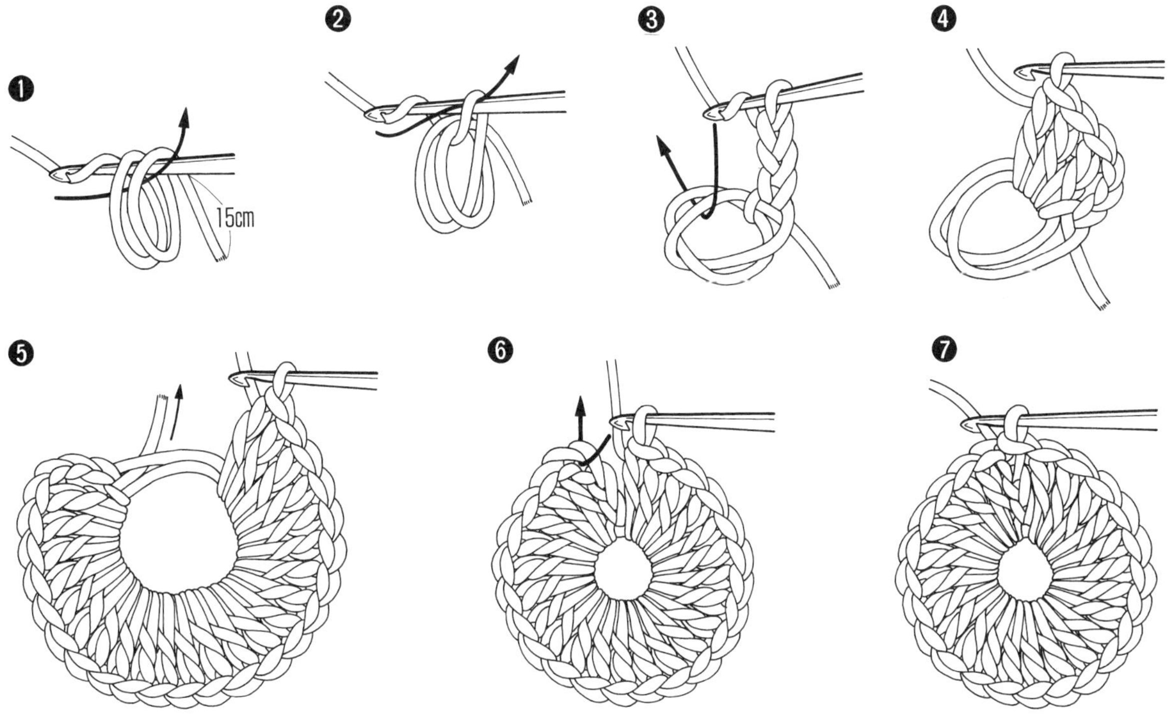

鎖の輪を作る

糸端を15cmくらい残して、鎖８目を編み、編みはじめの鎖１目めに引き抜きます。立ち上がりの鎖１目（こま編みの場合は、立ち上がりの鎖はこま編み１目と数えない）編み、こま編み16目を編んで、こま編み１目めに引き抜きます。

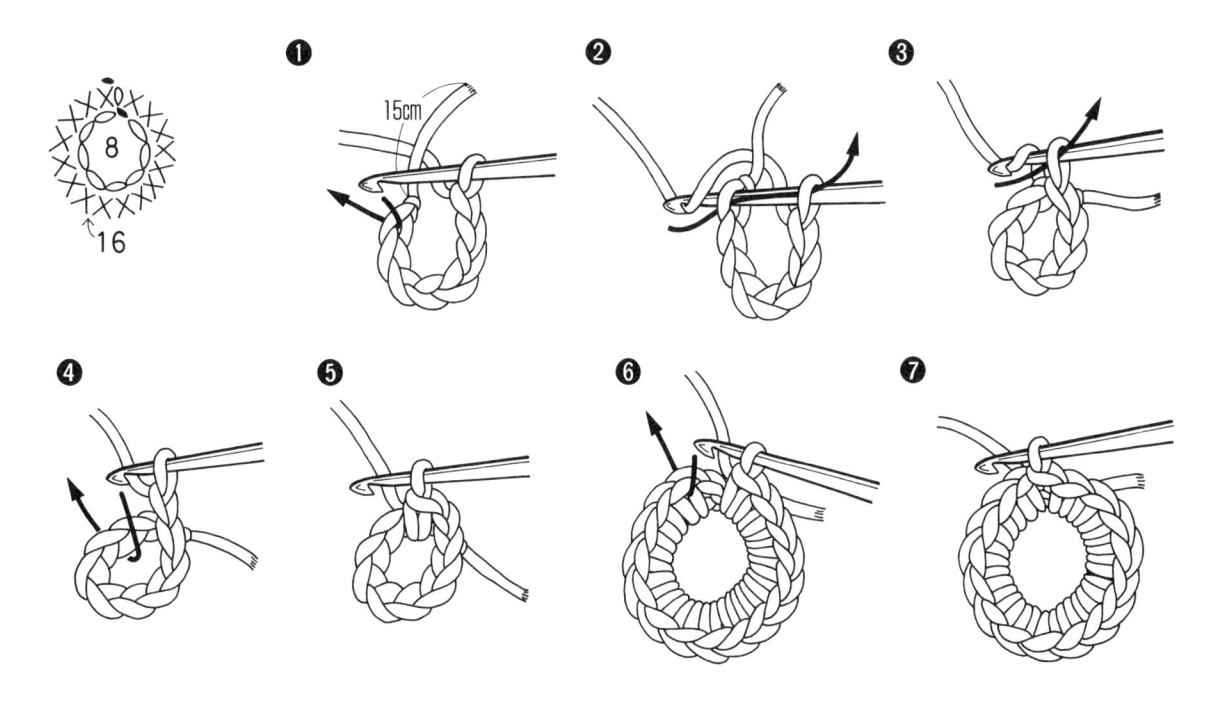

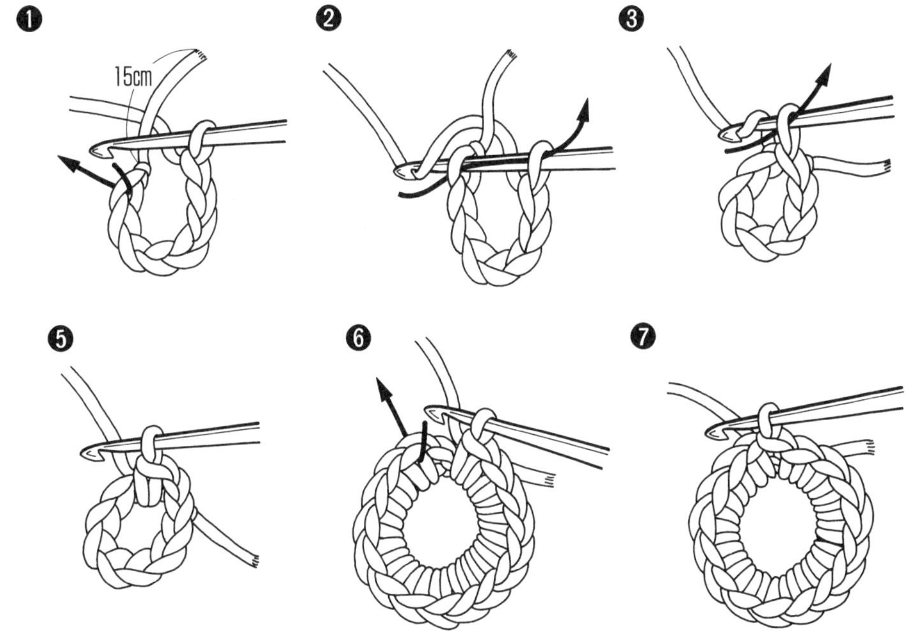

編み目記号と編み方

鎖編み目

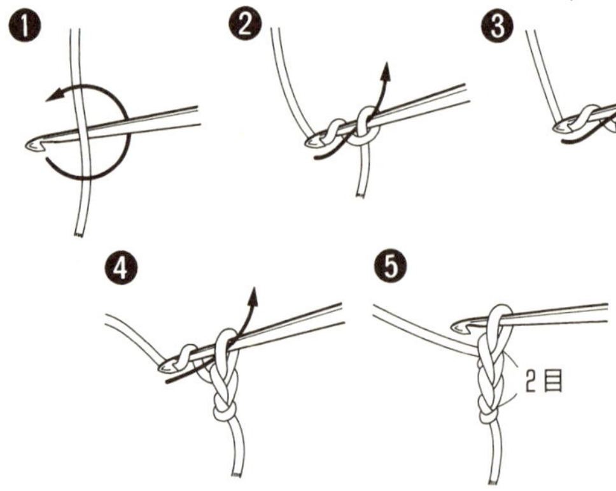

引き抜き編み目

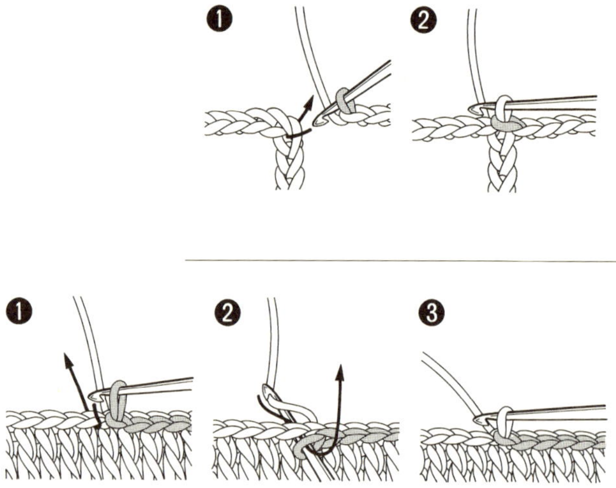

中長編み目

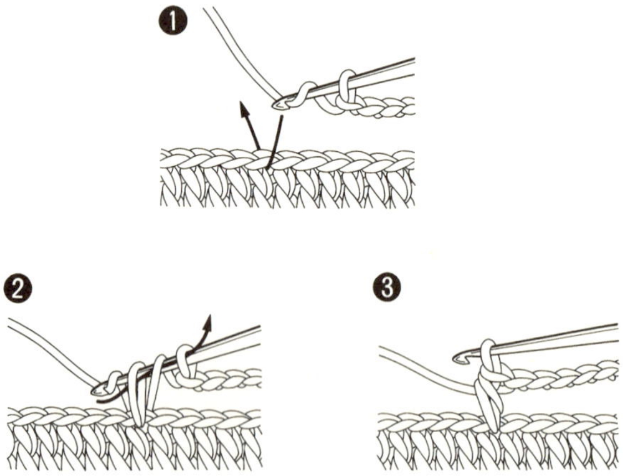

こま編み目

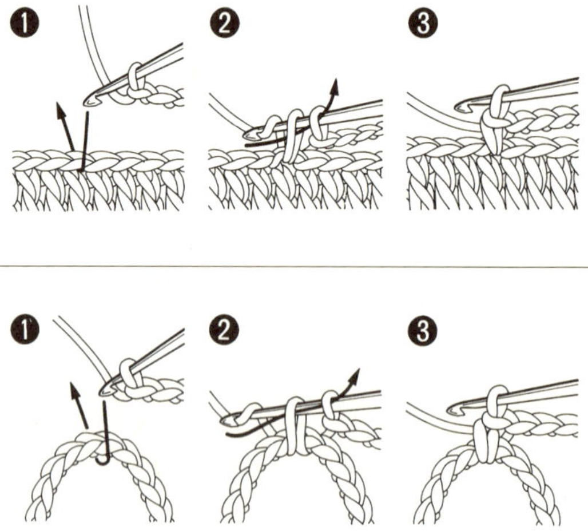

長編み目

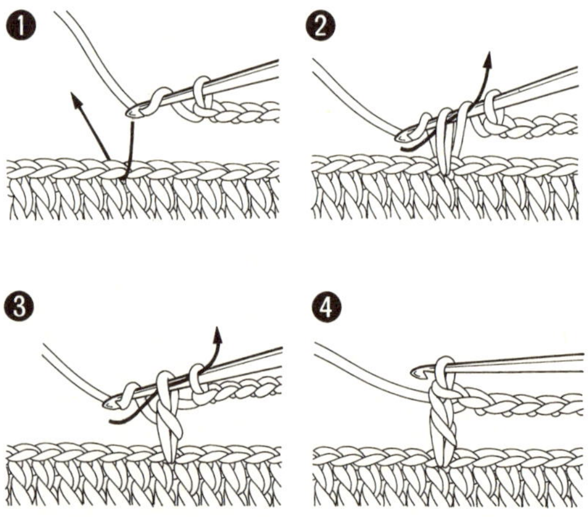

長々編み目

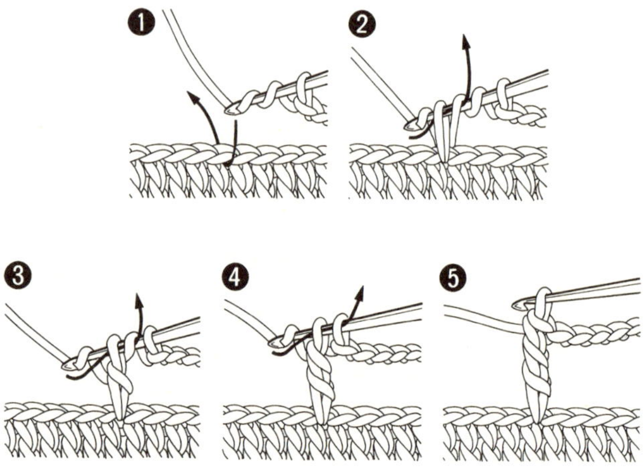

 こま編み2目一度＝102ページ参照

 八つ巻き長編み3目一度＝110ページ

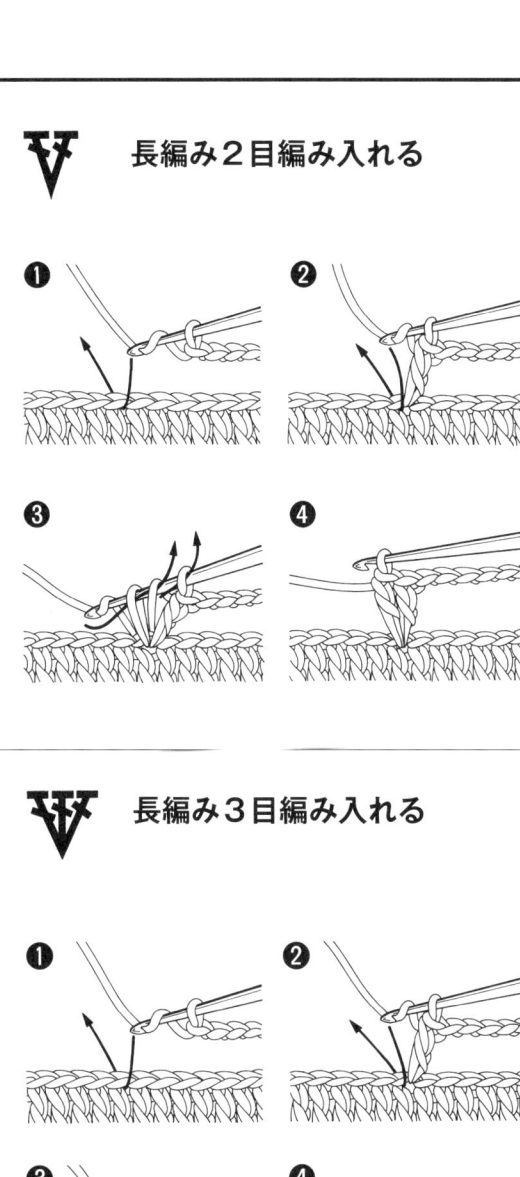

長編み2目編み入れる

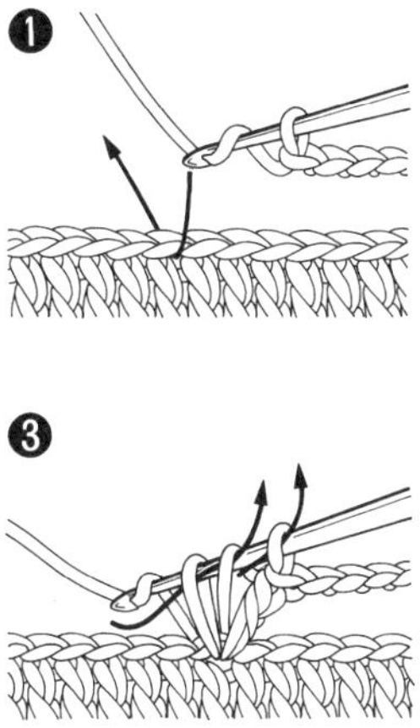

長編み2目一度

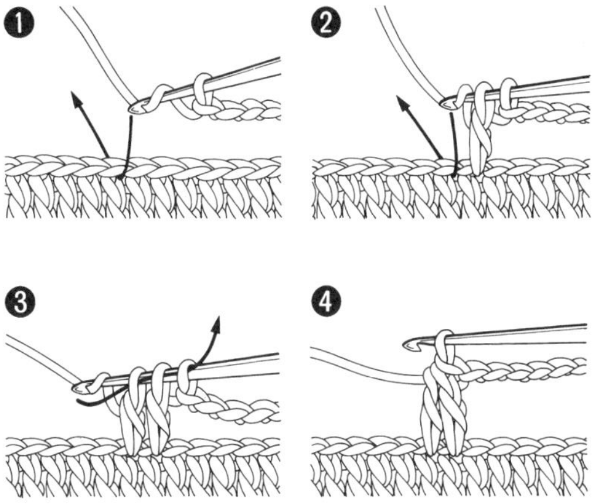

長編み3目編み入れる

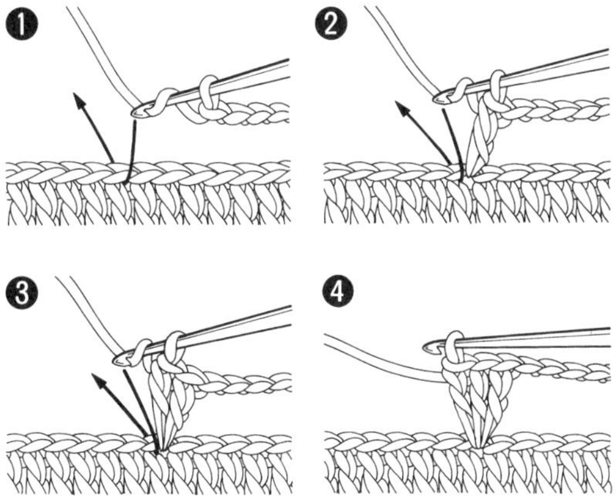

長編み3目の玉編み目

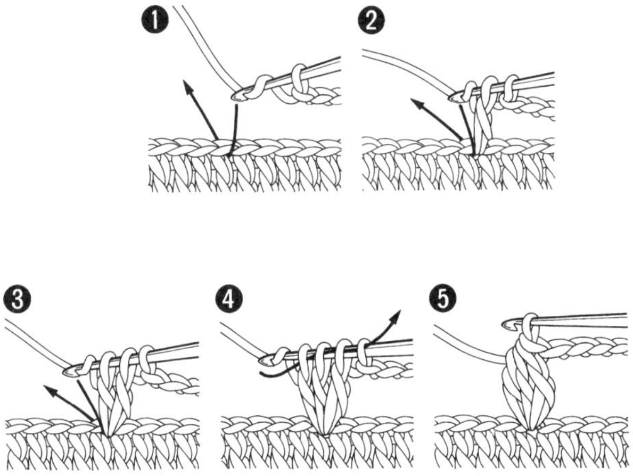

長編み5目のパプコーン編み目

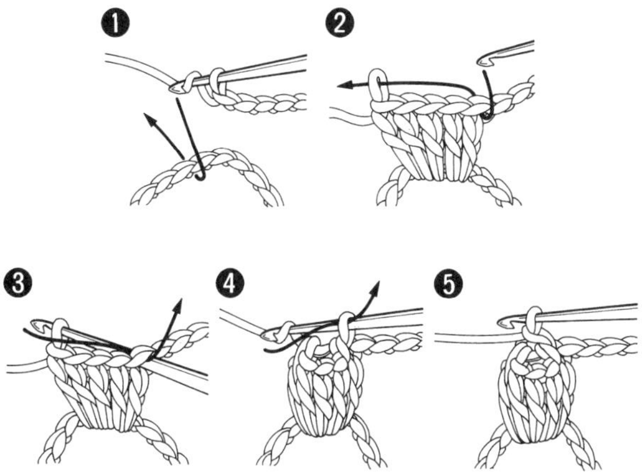

三つ巻き長編み目

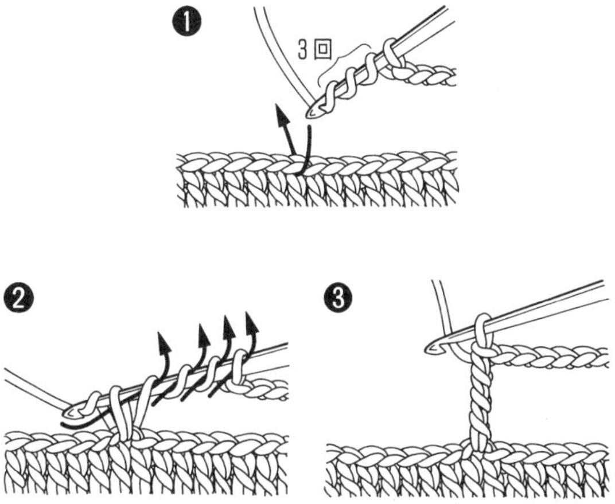

●122ページへつづく。

●121ページからつづく。

編み目記号と編み方

鎖3目の引き抜きピコット①

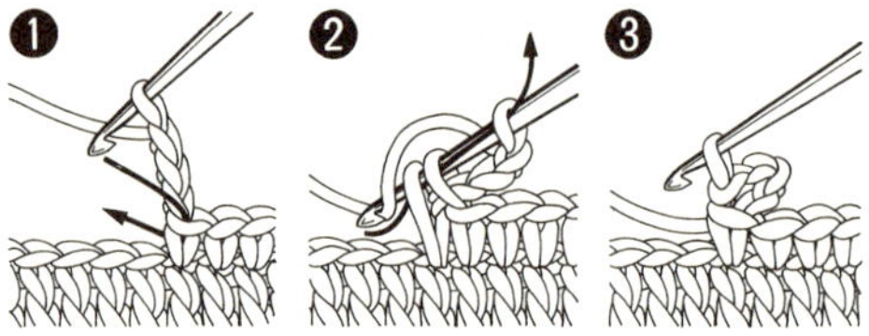

鎖3目のこま編みピコット

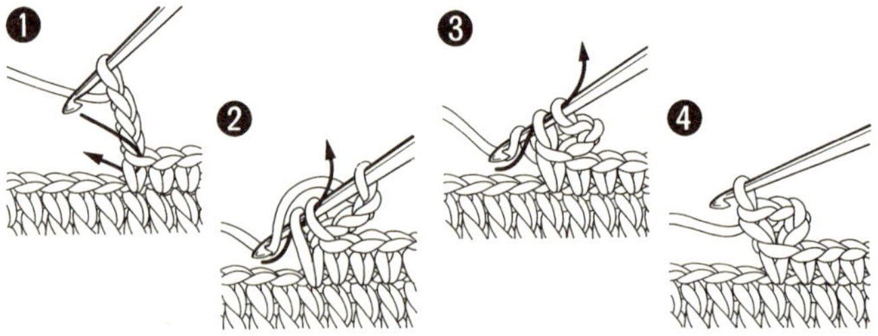

鎖3目の引き抜きピコット②＝102ページ参照

モチーフのつなぎ方

こま編みでつなぐ

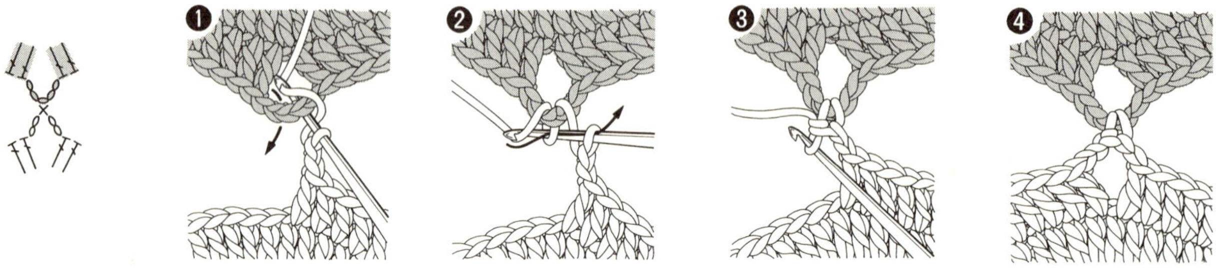

中長編みでつなぐ

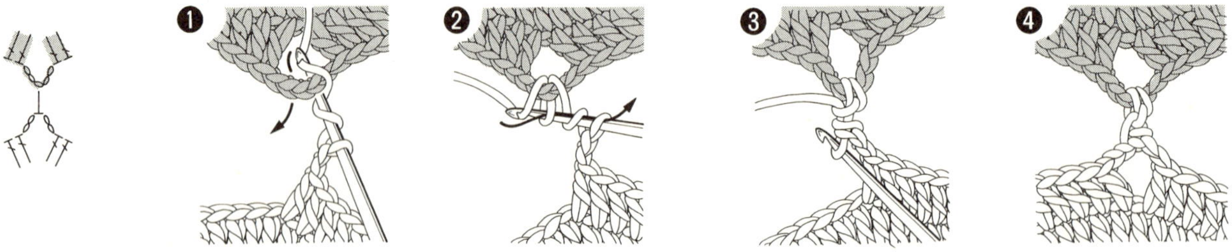

長編みでつなぐ

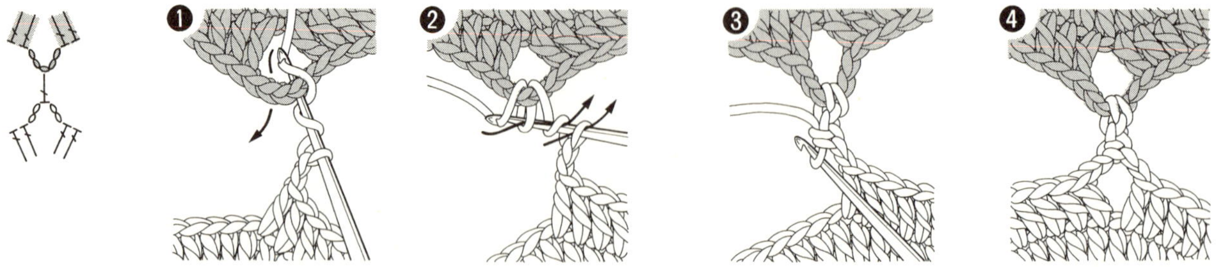

ピコットにこま編みでつなぐ

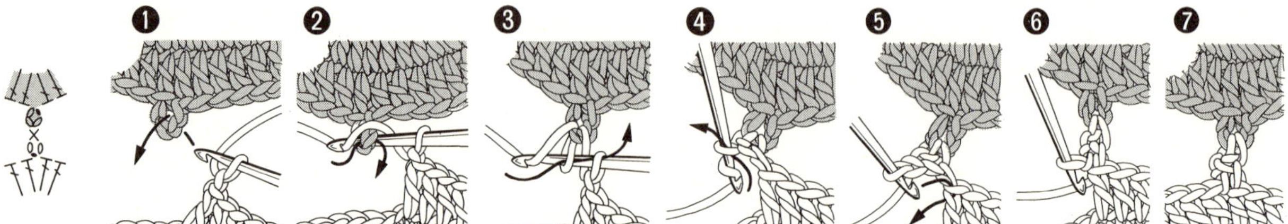

途中で糸をつなぐ・糸を結ぶ

糸端を15cmくらい残しておくと、最後に糸端の始末がしやすいです
❻〜⓫のように糸端をきっちり結んでおくと安心です

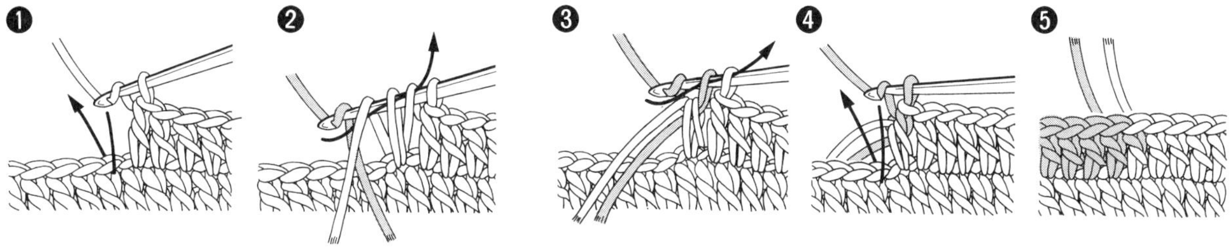

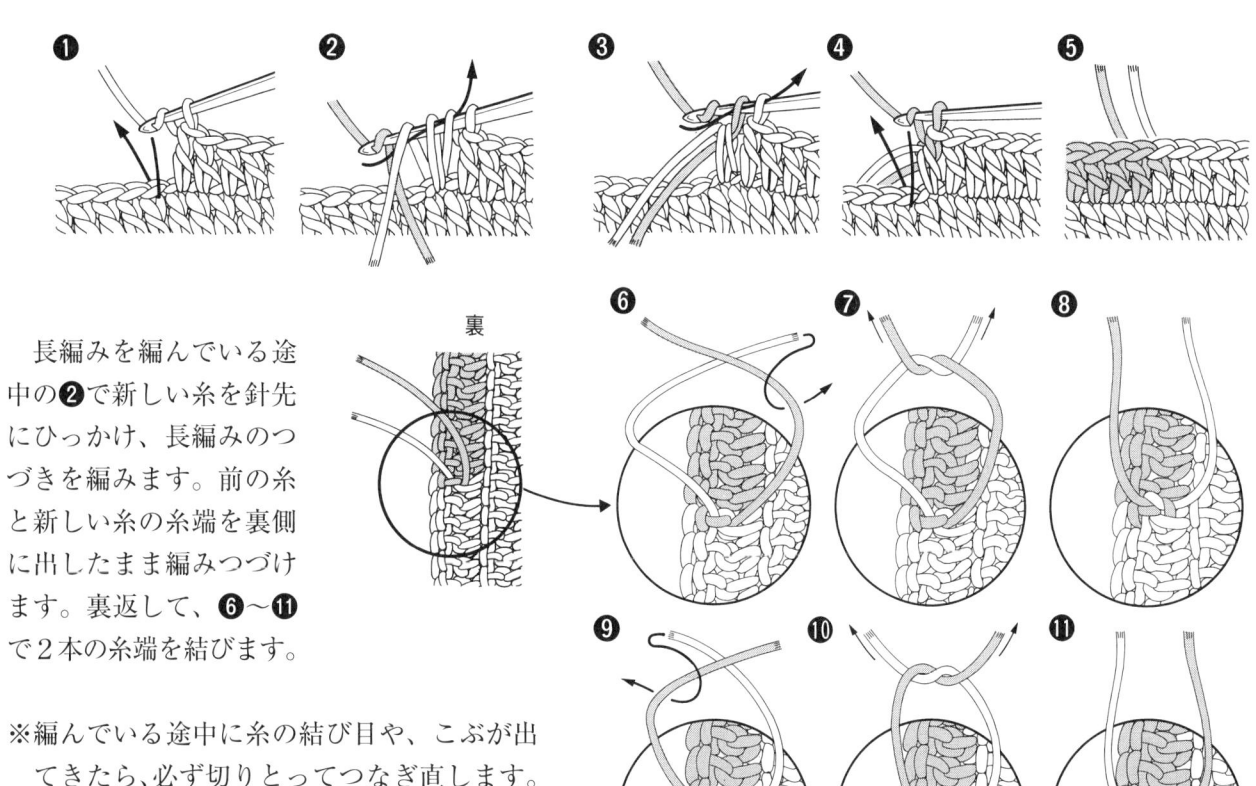

長編みを編んでいる途中の❷で新しい糸を針先にひっかけ、長編みのつづきを編みます。前の糸と新しい糸の糸端を裏側に出したまま編みつづけます。裏返して、❻〜⓫で２本の糸端を結びます。

※編んでいる途中に糸の結び目や、こぶが出てきたら、必ず切りとってつなぎ直します。

※糸と糸を結んでから編む場合は、110ページの「はた結び」をします。

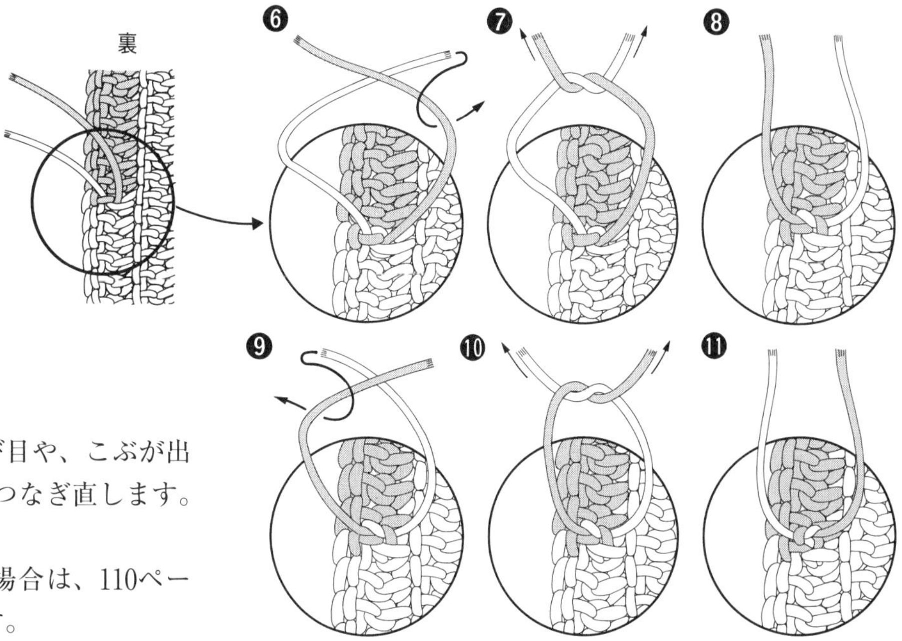

糸をつける・糸を切る

糸をつける

◁＝糸をつける

糸端を15cmくらい残して、左右に動かして裏で編み込んでいき、最後に裏側で始末します。

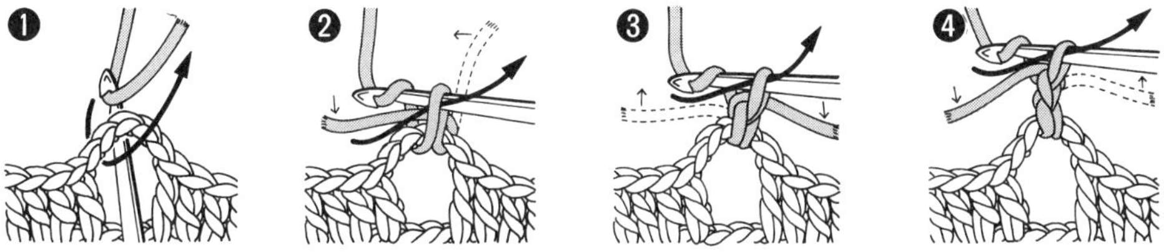

糸を切る

◀＝糸を切る

引き抜き編みを編み、糸端を15cmくらい残して切り、❷のように糸端を通して引き締め、糸端を始末します。

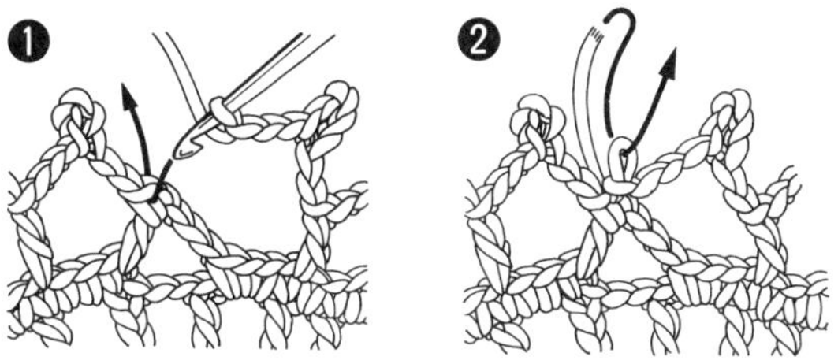

糸端の始末

編みはじめ、糸をつける、糸を結ぶ、編み終わりなどの糸端は、針に通して編み地の裏側にくぐらせておきます。ところどころ返し縫いをしておくと丈夫です。

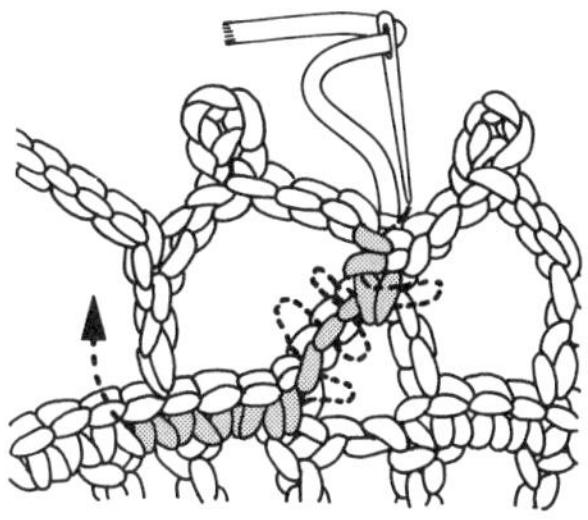

方眼編みの記号と編み方

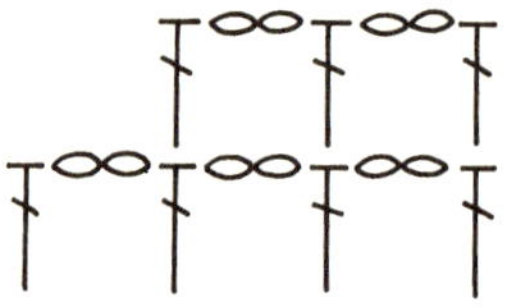

❶

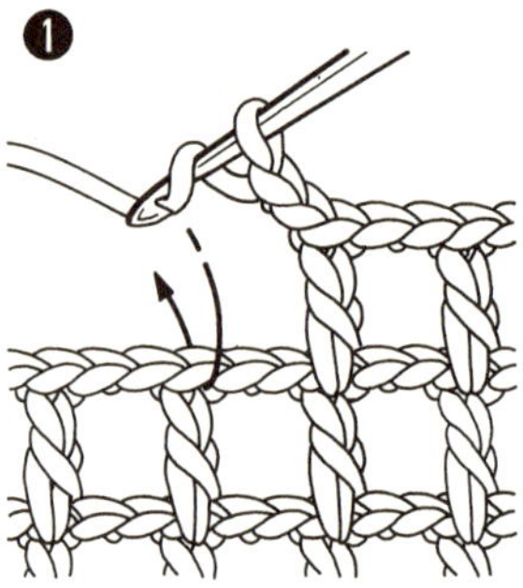

❷

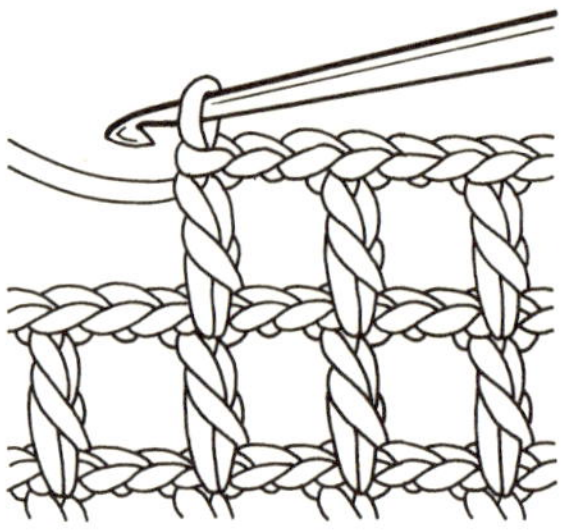

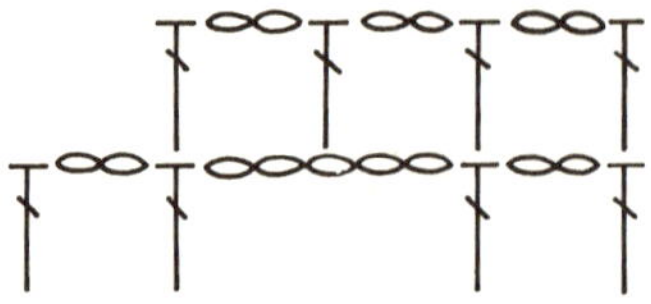

❶

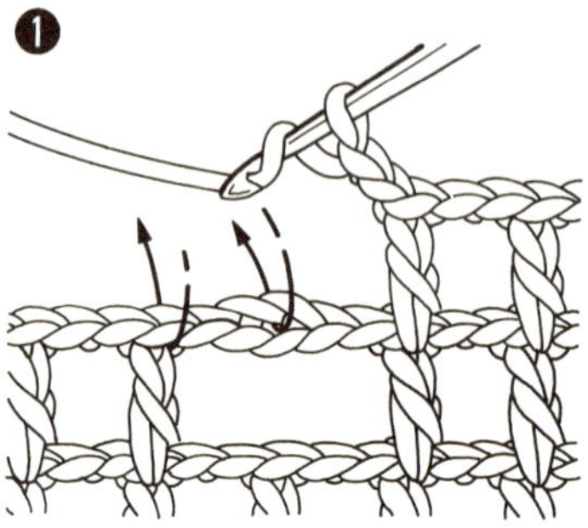

❷

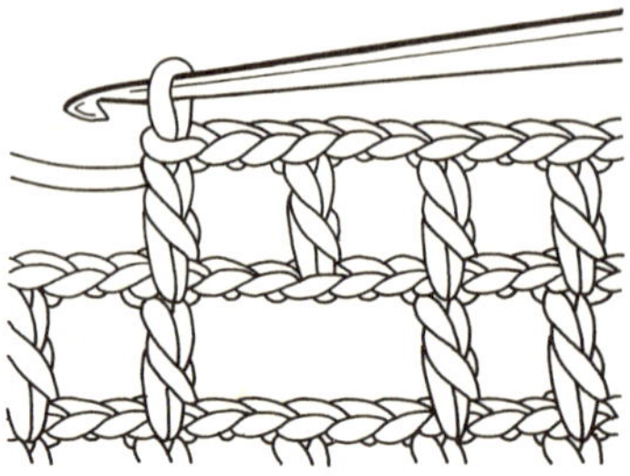

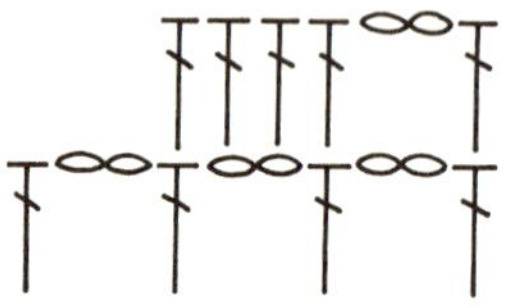

❶

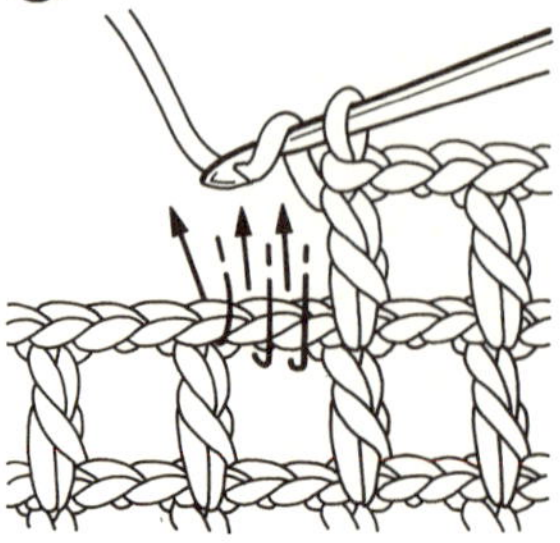

❷

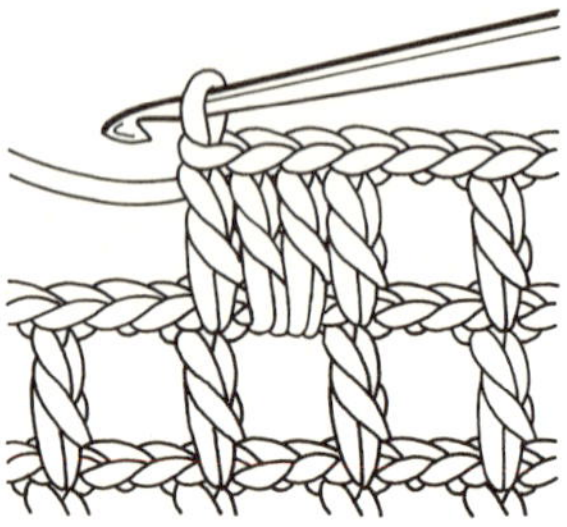

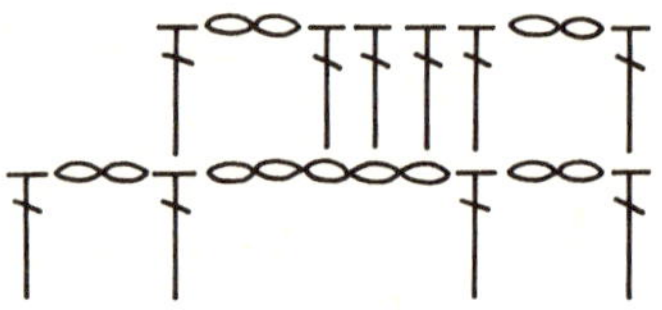

❶

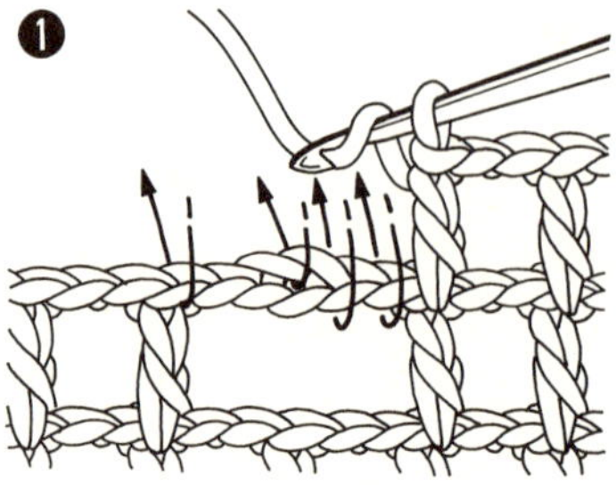

❷

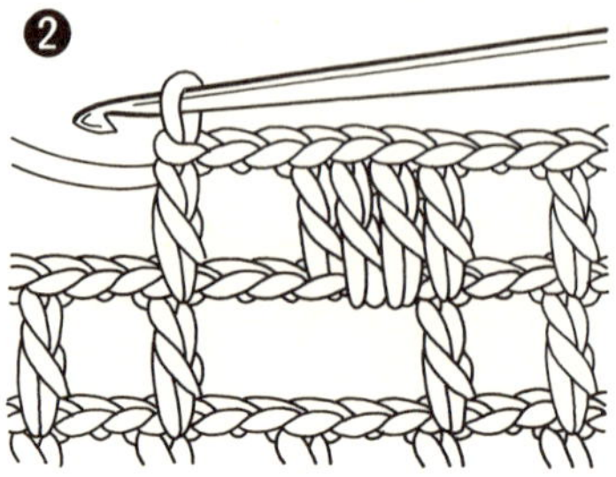

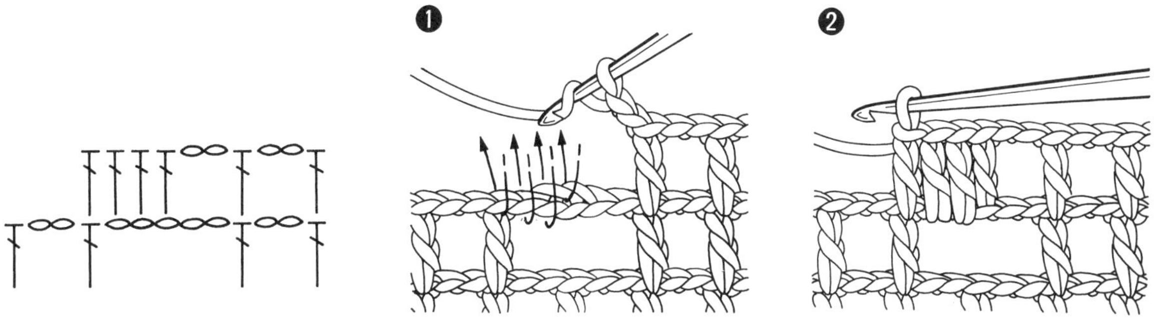
❶
❷

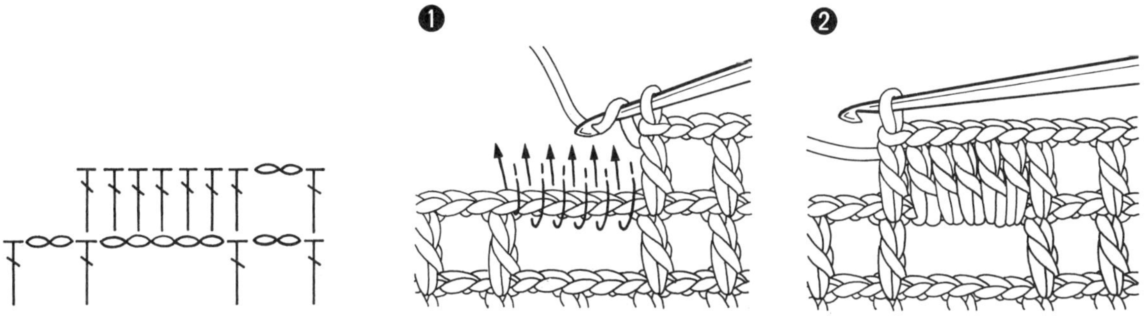
❶
❷

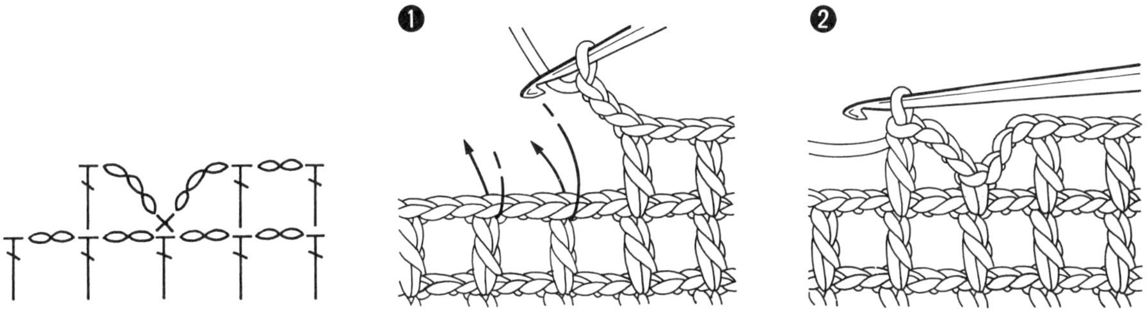
❶
❷

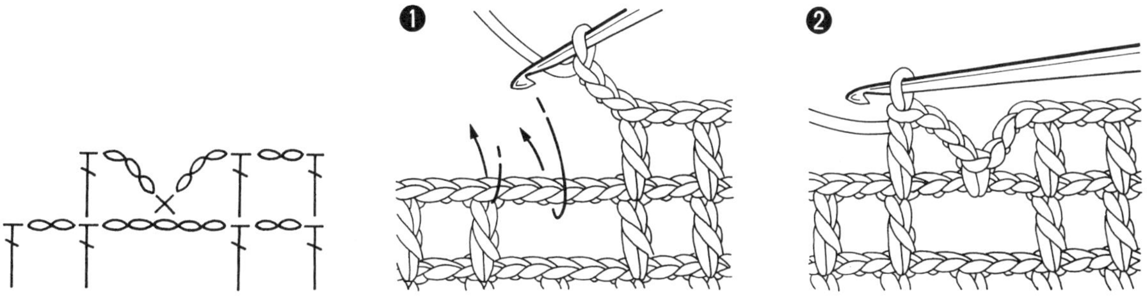
❶
❷

エジングの編み方

１段めは鎖を１目編み、「鎖４目、長編み１目」を18回繰り返し、長編みを外側にして編みはじめの鎖に引き抜き、さらに❼のようにして引き抜きます。２段めは鎖３目で立ち上がり、１段めの長編みをすくって長編み２目を編み、つぎからは長編みを３目ずつ編みます。

１段め

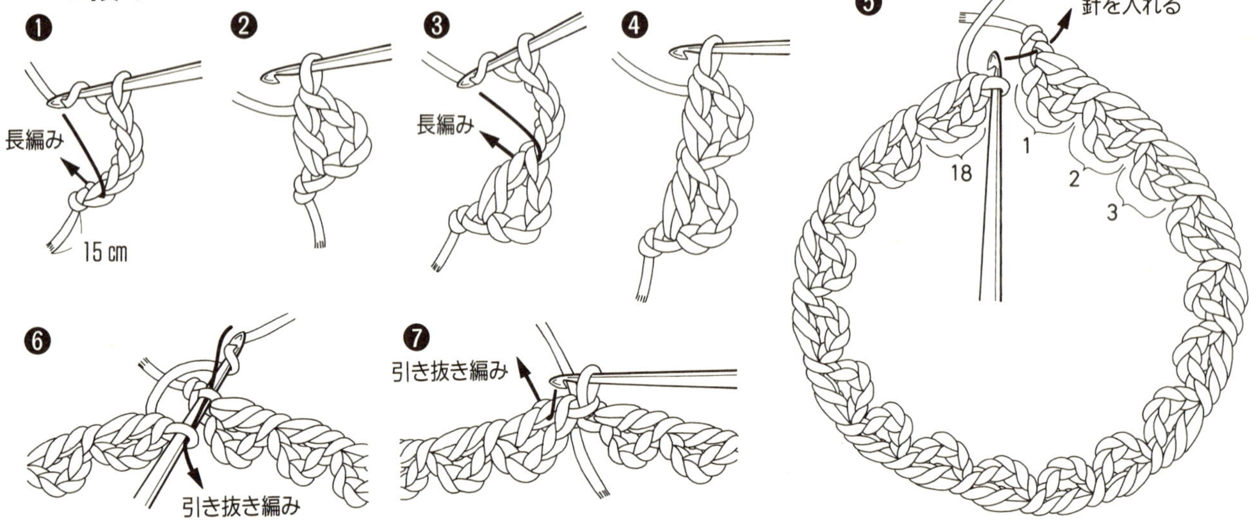

２段め

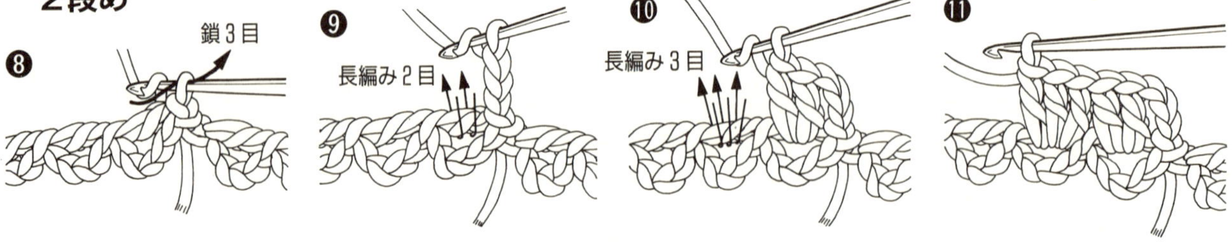

エジングのつけ方

エジングレースは、布とレースのバランスが大切です。レースは編む方の手加減で大きさが変わるので、編み上がったレースの寸法に合わせて布を用意します。

変型のエジングレースの仕立て方は、布目を通し、下図のようにかどをていねいに縫います。

かどの縫い方

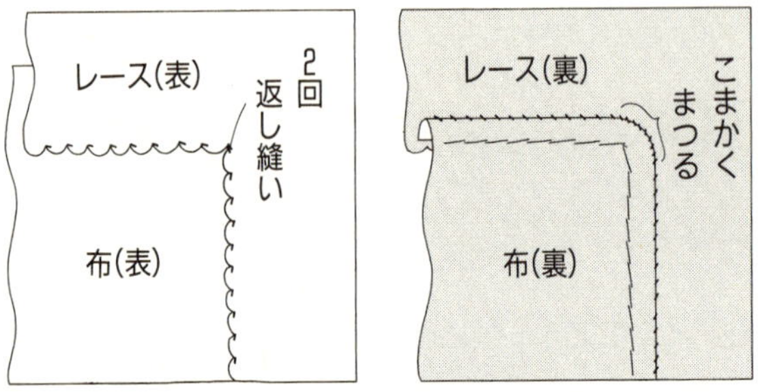

29のドイリー

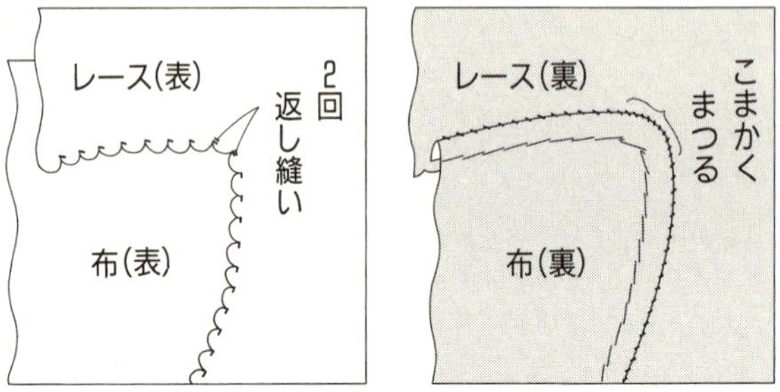

32・33のドイリーとテーブルセンター

布のつけ方

はじめに麻布を水につけて縮ませ、完全に乾かして裏側からアイロンをかけておきます。

❶布の上にレースを置きます。レースをゆるみ加減にして形を整え、まち針を打って、しつけをかけます。
❷図のように、返し縫いの要領でレースを布に縫いつけます。しつけをとります。
❸図❹の○印の寸法を縫いしろ分として残し、布を切ります。布の下にレースが重なっていますので、レースを切らないように注意します。
❹布端を内側に折り込んで、しつけをかけます。図のように布をレースにまつりつけます。

❷レースを布に縫いつける

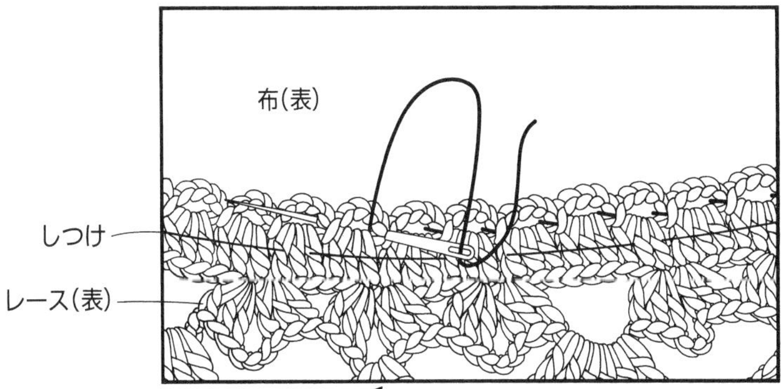

❶しつけをかける

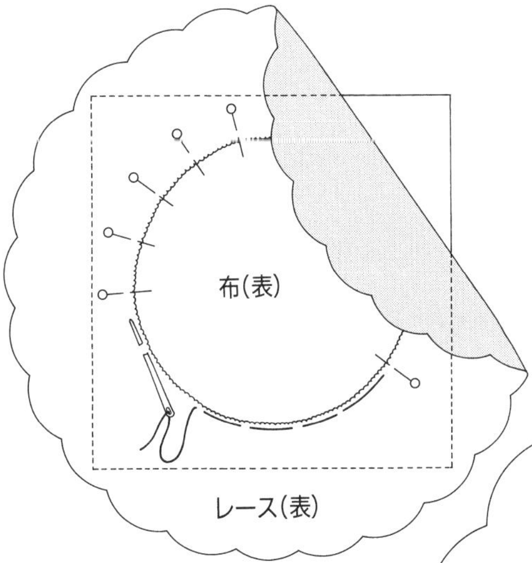

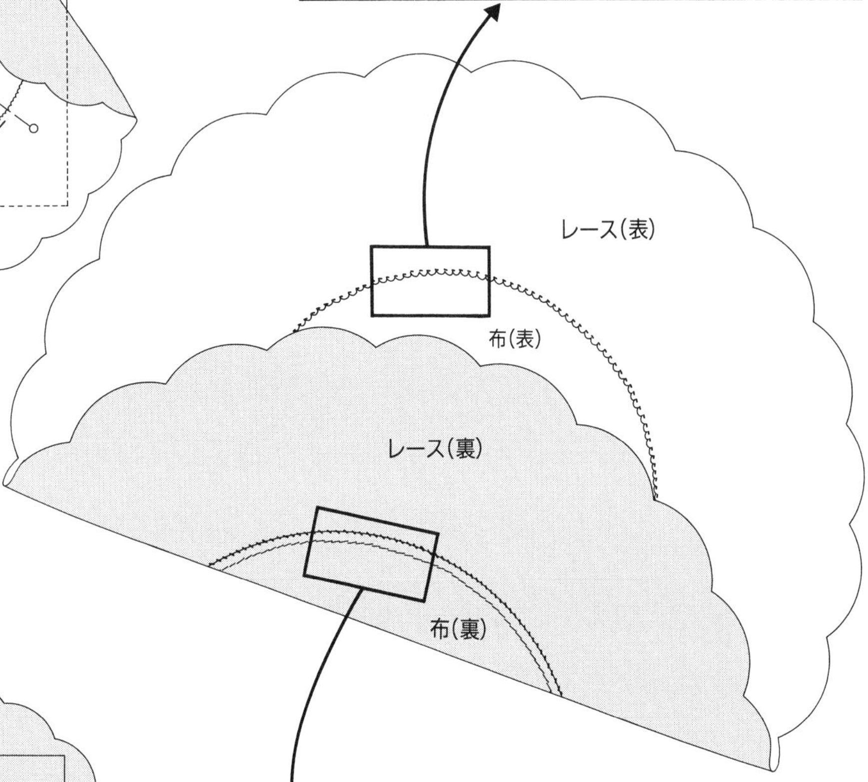

❸布を切る

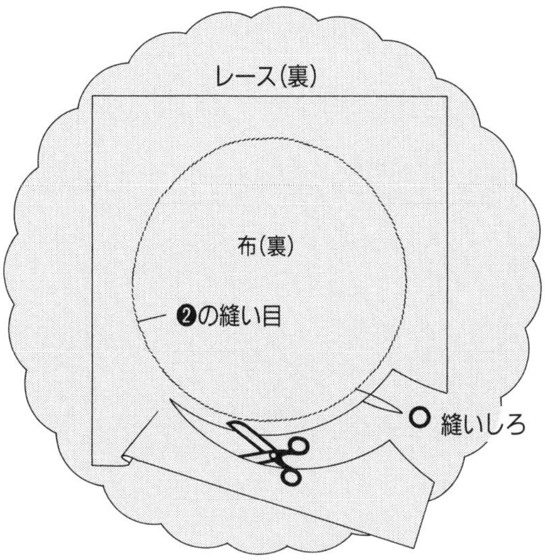

❹縫い代をまつる

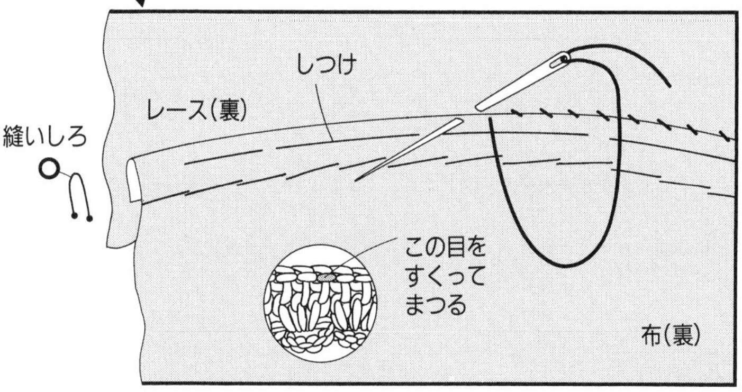

●スタッフ
カバー・本文レイアウト／髙橋郁子
写真／伊藤良一
スタイリスト／神野峰子
校閲／熊谷愛子
作図・トレース・写真／河島京子
編集／綱川鉦一　川辺ナツ　藤井知子

この本の作品はオリムパス製絲株式会社のレース糸を使用しています。
〈オリムパスレース糸金票40番の白（色番801）〉
糸、材料についてのお問い合わせは下記へお願いします。

オリムパス製絲株式会社
〒461-0018　名古屋市東区主税町 4 -92
TEL 052-931-6679
www.olympus-thread.com

●取材協力
クロバー株式会社　〒537-0025　大阪市東成区中道 3 -15- 5　TEL 06-6978-2277（お客様係）

すてきなパイナップルレース編み

著　者　河島京子
発行人　永田智之
発行所　株式会社　主婦と生活社
〒104-8357　東京都中央区京橋 3 - 5 - 7
http://www.shufu.co.jp
編集部　TEL 03-3563-5361
販売部　TEL 03-3563-5121
生産部　TEL 03-3563-5125
印刷所　大日本印刷株式会社
製本所　株式会社若林製本工場

ISBN978-4-391-14032-3